업계 최고 영업사원이 쓴
'기본을 바탕으로 한 최고의 영업기술' 총망라

영업 1년 차의 교과서

영업강사 **기쿠하라 도모아키**

고쓰지 유이 그림 · **한주희** 옮김

정진 *Life*

기본을 이해하는 것이 '잘나가는 영업 전문가'가 되는 지름길

이 책은

- ☐ 영업 입문자(1~3년 미만)
- ☐ 영업부서에 배치
- ☐ 영업직을 희망하는 사람

이런 사람들이 앞으로 확실한 결과를 낼 수 있도록 도와주는 지침서이다.

혹시 당신은 영업에 대해 다양한 불안감을 안고 있지 않은가?

그러나 이 책을 읽고 하나하나 따라해 보면 당신이 갖고 있던 영업에 대한 불안과 어려움이 해소되고, 앞으로 자신 있게 영업활동을 할 수 있게 될 것이라 약속한다.

어떻게 약속할 수 있냐고?

영업 컨설턴트로서 나는 신입사원부터 리더에 이르기까지 총 1만5천 명이 넘는 영업직 사원들을 지도해 왔다.

또한 영업강사로서 대학생들을 대상으로 매주 '영업수업'을 진행하고 있으며, '실전에서 바로 활용할 수 있는 영업기술'을 가르치고 있다. 현재까지 졸업생은 1,500명이 넘었다.

일본 전국에 대학 강사는 많지만, 생생한 영업의 현장에 대해 강의하는 것은 현재 나를 포함해서 두 명뿐이다.

나는 자주 학생들에게 영업직의 이미지에 대해 묻곤 하는데, 재미있는 의견들이 많다.

- ☐ 겉으로만 웃는 얼굴을 하고 속은 다르다.
- ☐ 말로 사람을 꾀어서 물건을 판다.
- ☐ 할당량이 많다.
- ☐ 머리를 조아리고 판매한다.
- ☐ 터프한 사람이 유리하다 등

그렇더라도 '영업에 대한 인상이 터무니없이 나쁘다'라는 생각이 드는 건 어쩔 수 없다.

물론 앞서 말했듯이 어느 정도는 맞는 말이다.

나 또한 충분히 지옥을 경험해 본 사람 중 하나다.

하지만 그럼에도 불구하고 매달 쉽게 할당량을 채우는 영업사원이 존재하는 것도 사실이다.

사전 약속 없이 방문하기, 전화로 약속 잡기 등 괴로운 영업활동 없이도 평온한 얼굴로 좋은 성과를 내기도 한다.

게다가 영업사원이 부탁하지 않았는데도 고객 측에서 '당신에게 구매하고 싶다'고 요청이 오기도 한다.

이렇게 잘나가는 영업사원은 무엇이 다른 걸까?

잘나가는 영업사원들의 영업방식은 다양하지만 공통점은 '기본을 철저히 지킨다'는 것이다.

즉, 영업의 기본정신을 위배하지 않는 것이다.

천재 영업사원은 언뜻 보기에는 화려하고 특별한 요령으로 고객에게 다가간다. 갑자기 고객이 있는 곳을 방문하거나, 식사나 술자리에서 가볍게 식사를 하기도 한다.

하지만 이를 흉내내 본다 해도 같은 결과가 나오지는 않는다.
같은 결과는커녕 역효과가 나는 경우도 종종 있다.

프로 야구선수들의 타격법을 흉내 내도 홈런을 칠 수 없듯이 겉으로 보이는 행동을 흉내내도 결과는 같지 않을 것이다.

여기서 나의 경험을 바탕으로 설명하겠다.
업종이 달라도 참고할 수 있는 부분이 있으므로 잠시 시간을 내서 들어주기 바란다.

대학을 졸업하고 나는 하우스 메이커라는 회사에 입사했다.
'영업직이라면 내 성격에 맞고, 일도 재미있을 거야'라는 단순한 이유로 영업직을 선택했다.
나와 비슷한 생각으로 영업직을 지원하는 사람도 있을지 모른다.

하지만 막상 입사를 해 보니 큰 착각이었음을 깨달았다.
아침부터 밤까지 돌아다니며 고객사를 방문하고, 회사에 돌아와 고객들에게 전화를 돌렸다.
고객사 방문 테크닉을 익히거나 필살기를 배워 보았지만 아무리 노력해도 전혀 결과는 나아지지 않았다.

회사에서는 '무능력한 영업사원'이라는 꼬리표가 따라다녔다.

그런 무능력한 영업사원으로서의 생활이 7년이나 이어졌다.

하지만 어떤 일을 계기로 성과가 나기 시작했고, 8년 차가 되어서는 제일 잘나가는 영업사원이 되었다.

그 이유를 한마디로 하자면 **'고객의 입장에서 행동했다'**는 것이다.

한 가지 구체적인 예를 들자면, 영업사원이 고객들이 기피하는 갑작스러운 방문자에서 고마운 정보제공자로 바뀐 것이다.

애초에 고객들이 싫어하는 행동을 계속해서는 성과가 나올 리 없다.

그런 기본적인 사실을 깨닫는 데 7년이 넘는 시간을 들인 것이다.

내 경험을 듣고 '그런 기본적인 것을 왜 모르냐'고 의문을 갖는 사람도 있을 것이다.

대부분의 사람들은 자신이 당하면 싫은 것을 막상 스스로 영업하게 되면 까맣게 잊어버리고 만다.

가령 가전제품 매장이나 옷가게에 손님으로 가 보자.

가게에 들어선 순간 "이 제품은 신상품으로 이번 시즌 가장 인기가 있는 제품입니다. 지금 구매하시면"과 같은 영업 멘트를 질리도록 들을 수 있을 것이다.

그곳에서 일하는 영업사원도 막상 자신이 고객이 되면 '영업 멘트를 듣고 구매하고 싶다'고는 추호도 생각하지 않는다.

하지만 그럼에도 불구하고 판매자 입장이 되면 그러한 과오를 범하고 마는 것이다.

세상에는 '영업은 고객의 입장에서 행동하는 것이 중요하다'며 영업활동을 시작하기 전부터 이해하고 있는 사람도 있다. 이러한 사람은 매우 센스가 있는 사람이며, 다른 대부분의 영업사원들은 그러한 실수를 눈치채지 못한다.

왜 그럴까?

그 이유는 나를 포함한 99퍼센트의 사람은 영업에서 정말 필요한 '영업의 기본'을 이해하지 못한 상태에서 현장에 배치되기 때문이다.

간단한 연수를 받았다고 해도 영업현장에 나간 순간, 기존의 방식을 고수해 버리는 것이다.

그리고 그리 오래 걸리지 않아 잘못된 방법으로 빠져들게 된다.

나도 처음에는 '사전 연락 없는 갑작스러운 방문과 전화영업은 고객들에게

민폐를 끼치는 일'이라고 생각했다.

하지만 3개월이 채 지나지 않아 그 감각은 둔해졌다.

매몰차게 거절을 당해도, 나 자신의 잘못은 생각하지 않고 '이상한 사람이다'라고 생각해 버리곤 했다.

잘못된 방법으로 영업을 계속해서, 성과가 나오지 않더라도 상사로부터는 "방문 건수를 더 늘려. 열정이 없어"라고 꾸중을 들을 뿐이다.

'어떻게 해야 할까, 뭔가 잘못된 게 아닐까'라고 생각하면서도 계속해서 이러한 잘못을 저지르고 만다.

이렇게 점점 상황은 더 악화되어 가는 것이다.

성과를 잘 내는 사람은 '어떻게 해야 상대가 기뻐할지'와 같은 기본을 철저히 지킨다.

또한 적을 만들지 않고, 고객과 효율적으로 신뢰관계를 구축할 수 있어 영업에도 고객에게도 이익을 가져다주는 방법을 잘 알고 있다.

거듭 말하지만, 성과를 잘 내는 사람과 그렇지 못한 사람의 차이는, 기본을 알고 있는지 없는지의 차이밖에 없다.

스포츠와 마찬가지로 올바른 자세를 익히지 않고 연습을 계속한다면 나쁜 버릇이 생겨 그대로 굳어 버리게 된다.

이는 영업활동에서도 마찬가지로 악순환만 반복될 뿐이다. 빨리 바른 자세를 익히는 것이 좋다.

만약 당신이 이미 영업에 몇 년 동안 몸담아 왔으며 '아, 좀 더 빨리 알았으면 좋았을걸' 하고 후회한다 해도 아직 늦은 것은 아니다.

알게 된 지금이야말로 바른 방향으로 수정할 수 있는 절호의 기회이기 때문이다.

'앞으로 영업을 더 잘해보자'라고 결심한 모든 사람들이 이 책이 전하고 있는 '기본'을 학습하기 바란다.

배운다고 해도 까다로운 노하우를 나열해 놓은 것이 아니다.

앞으로의 영업에서 정말 중요한 '기본'을 엄선했고, 보다 깊이 있게 보다 빨리 이해할 수 있도록 그림을 사용했기 때문에 책읽기에 익숙하지 않은 사람들도 안심하고 읽을 수 있다.

과거의 나처럼 성과를 내기 위해 먼 길을 돌아가지 않았으면 한다.

'한 명이라도 많은 영업사원들에게 영업활동의 진정한 즐거움을 알려주고 싶다'는 생각으로 이 책을 출판하게 되었다.

그럼, 지금부터…

'고객과 회사에 꼭 필요한 영업사원'이 되기 위한 수업을 시작하겠다.

영업 컨설턴트 / 간토가쿠인대학 경제학부 강사

기쿠하라 도모아키

Chapter 1

잘나가는 영업사원의 '마음가짐'

앞으로의 영업에서 중요한 것

Chapter 2

잘나가는 영업사원의 '스타일'

첫 만남에서 고객을 사로잡아라!

Chapter 3

잘나가는 영업사원의 '토크'

고객이 무심결에 말을 하고 싶게 만드는 비법

Chapter 4

잘나가는 영업사원의 '상담'

최고의 성과를 내는 상담기술

Chapter 5

잘 팔리는 영업의 '영업 도구'

전화 · 메일 · 편지 · SNS를 최대한 활용하라!

Chapter 6

실적이 좋은 영업사원의 '직장 내 인간관계'

직장동료를 내 편으로 만드는 대화술

Chapter 7

잘나가는 영업사원의 '동기부여'

의욕을 불러일으키기 위해 반드시 해야 할 것들

Chapter 8

잘나가는 영업사원의 '습관'

단순하지만 큰 차이를 만드는 습관

Chapter 9

잘나가는 영업사원이 '하지 않는 것'

선배들의 실패에서 배워라!

◆맺음말◆

앞으로의 영업에서 중요한 것

❖강매만큼 고객에게 실례되는 것은 없다.

이런 영업사원이 되지 않기 위해서 GO!

AI시대에도 살아남는 '진정한 영업'이란?

'영업' 하면 어떤 이미지가 떠오르는가?

내가 하우스 메이커의 영업사원으로 입사할 당시, 친구는 이렇게 말했다. "영업은 완고한 고객을 억지로 설득해서, 사고 싶지 않더라도 사게 만드는 일 아니야?"

만약 그렇게 하는 사람이 있다면 그는 실패한 영업사원일 것이며, 머지않아 회사는 문을 닫게 될 것이다.

고객을 배려하지 않는 '강매' 등은 언어도단이다.

그렇다면 영업이란 도대체 무엇일까?

상품에 대한 설명을 하고 구입으로 연결시키는 존재는 아니다.

매뉴얼대로 하는 것은 앞으로 AI가 해주는 시대가 올 것이다.

내 개인적 견해로 영업사원이란 '고객으로부터 신뢰받는 존재'이며 '고객의 의사결정을 도와주는 사람'이다.

예를 들어, 지금은 인터넷을 중심으로 고객 스스로 언제 어디서든 정보를 입수할 수 있다. 그러나 방대한 정보량으로 인해 결정을 망설이는 경우가 생기기도 한다. 그래서 '누군가 도와주었으면 좋겠다'는 생각이 들 때 제일 먼저 고객의 목소리를 듣는 존재가 바로 영업사원인 것이다. 또한 구입을 망설이는 고객에게 "A고객님의 경우 ○○ 상품이 가장 잘 맞으실 겁니다"라고 정확한 조언을 제공하는 사람이다. 즉, 고객의 의사결정을 도와줄 수 있는 영업사원이야말로 앞으로의 시대에도 오랫동안 살아남을 수 있다.

그러기 위해서는 먼저 자사 상품에 대해 자세히 알아두어야 할 뿐 아니라, 타사 상품에 대해서도 정보를 수집해야 한다. 또한 지식뿐만 아니라 프로 영업사원이라는 자각을 가지고 객관적인 의견을 말할 수 있는 것, 단적으로 말해 '내게 사지 않아도 된다'라는 마음가짐으로 임하는 것도 중요하다.

고객에게 딱 맞는 상품(가치)을 제공하자

고객의 신뢰를 얻고, 고객의 의사결정에 도움을 줄 수 있는 영업사원을 목표로 할 것

02

영업사원은 '회사를 대표하는 사람'이다

고객은 자신이 만나는 영업사원을 그 회사를 대표하는 사람으로 인식한다. 영업사원이 베테랑인지 신입인지는 중요하지 않다.

한 영업사원의 안일한 대처로 회사가 쌓아온 브랜드 이미지를 한순간에 무너뜨릴 수도 있는 것이다.

대학 시절 나는 본가의 집수리에 참고하기 위해 딱 한 번 주택박람회에 간 적이 있었다. 지역 밀착형 소규모 건축사무소 부스에 들어서자 40대 정도로 보이는 여직원이 있었다.

그 여직원은 당시 학생이었던 나를 보고 '고객이 될 확률이 적다'고 판단했는지 부스 안내도를 대충 건네며 편하게 보라고 말하고는 곧 사무실로 돌아가 버렸다. 이런 대접에 나는 실망감과 함께 '이 회사에는 절대로 의뢰하지 않겠다'고 생각했다.

벌써 수십 년이나 지난 학창 시절의 에피소드가 지금까지도 안 좋은 기억으로 강하게 남아 있는 것이다. 또 당시에 나는 가까운 친구들에게까지 이 회사를 피해야 할 블랙리스트로 소문냈다.

이것만으로도 얼마나 회사에 안 좋은 영향을 주는지 쉽게 상상해 볼 수 있다.

그리고 실제로 현재 그 회사는 망했다. 이처럼 직원 한 명의 존재가 회사의 존망을 가르는 경우도 있는 것이다.

고객은 자신이 만나는 직원을 그 회사를 대표하는 사람으로 인식한다. 그러니 어떤 고객이라도 친절하게 응대해야 함을 마음에 새겨두기 바란다.

'영업력'은 모든 사람에게 필요한 기술

한 디자인 회사에서 일하는 친구의 이야기이다.

회사 내 인간관계로 고민하던 친구는 만날 때마다 항상 "일 자체는 괜찮은데 주변 사람들이 협조적이지 않아"라며 불평을 하곤 했다.

처음에는 이상한 회사에서 일한다고 생각했지만, 잘 들어 보니 친구는 주변 사람들에 대한 배려가 부족한 듯 보였다.

도움만 요청했지, 정작 자신이 나서서 주변을 도와주려고 하지 않았던 것이다. 아무런 노력도 없이 "힘든데 대체 왜 도와주지 않느냐!"고 화내 보아도 의미가 없다.

이것을 물건을 파는 입장에 대입해 보자.

물건을 팔려는 노력을 하지도 않고 "어째서 내 상품을 사주지 않는 거야!"라고 말하는 사람이 있다면 어떨까? 대부분의 사람들은 '노력 없이 물건이 팔릴 정도로 세상은 녹록하지 않다'고 생각한다.

오늘날 비슷한 상품은 지천에 널려 있고, 어디에서든 쉽게 손에 넣을 수 있다. '아무런 노력 없이 기다리면 팔리는' 시대가 아닌 것이다.

마찬가지로 아무런 노력을 하지 않으면 동료는 도움을 주지 않는다. '모두 불친절한 사람들뿐이야. 전혀 도와주려고 하지 않아'라는 생각이 든다면 그것은 주변 사람들이 나빠서가 아니라 당신의 '영업력 부족' 때문인 것이다.

영업의 기본은 내가 먼저 주는 것이다. 고객에게 영업활동을 하듯이 주변 사람들에 대한 배려를 잊지 않기 바란다.

잘나가는 사람의 90퍼센트는 소심한 성격

혹시 '성격이 소심해서 영업에서 성공을 못하는 걸까?'라고 생각하지는 않는가? 그렇다면 지금 바로 그런 고민을 버리기 바란다.

나는 영업 컨설턴트로서 연수를 다니며 잘나가는 수많은 영업사원들을 만났다. 거기서 느낀 공통점은 잘나가는 영업사원들의 대부분은 '소심한 사람'이라는 것이다.

구체적으로 말하자면, 내성적인 성격에 세심한 사람들이 많다는 것이다.

또 실제로 잘나가는 영업사원들의 대다수는 자신을 가리켜 '소심한 성격'이라고 말한다. 의외라고 생각할지 모르나 이는 틀림없는 사실이다.

언뜻 **이 '단점 같은 성격'은 잘나가는 영업사원에게 필요한 요소라 할 수 있다.** 그 이유 중 한 가지는, 소심하고 주변을 신경 쓰기 때문에 다양한 상황을 재빠르게 캐치하기 때문이다. 예를 들어, 상담 중에 고객의 사소한 언동이나 표정에서 '하기 어려운 말이라도 있는 걸까'라고 눈치를 챈다. 그러면 "혹시 ○○에 대해 고민하고 계신가요?"라고 물어볼 수 있다.

그리하여 잠재적인 고민을 짐작할 수 있다. 또 사내 커뮤니케이션에 관해서도 '이러한 화법을 쓰면 상대가 상처받을지도 몰라'와 같이 세심한 배려를 할 수 있다.

잘나가는 영업사원은 상대를 배려하고, 겸손한 마음을 가지고 있다. 이렇게 아군을 늘려 영업 활동을 원활하게 만드는 것이다.

소심한 사람일수록 잘나가는 영업사원이 될 가능성이 높으니 자신을 가지기 바란다.

자신이 알고 있는 '장점'의 개수만큼 잘나간다

얼마 전 만난 신입 영업사원은 "자신에게는 아무런 재능이 없다"며 나에게 고민을 상담했다. 키도 크고 체격도 좋아 보여 학창 시절에 운동을 했냐고 물으니 고등학교에서 야구를 했다고 한다. 그것도 3루수로, 타순도 주축 1군 선수였다.

나 또한 중학교까지 야구를 해서, 그것이 얼마나 대단한지 알고 있다. 나는 그 신입 영업사원에게 조금이라도 장점, 재산이라고 생각하는 것을 열 개 이상 써 보라는 숙제를 냈다.

시간이 걸리긴 했지만 그는 총 열 개의 장점을 써 왔다.

그 내용은 '정말 부럽다!'는 생각이 들 정도로 훌륭한 내용이었다. 그는 장점 리스트를 만들면서 자신감을 되찾은 듯했다.

이 이야기를 듣고 '그 사람은 고등학교 유소년 야구선수 출신이지만, 나는 정말 아무것도 아니야'라고 생각하는 사람도 있을 것이다. 그런 당신도 사실 이미 많은 재능과 재산을 갖고 있다. **당신이 당연하게 생각하는 것이 바로 당신의 장점이 될 수 있다.**

타이핑이 빠르다, 술이 세다 등등 무엇이라도 좋다.

종이를 꺼내 '장점 리스트'란 제목을 쓰고 장점 열 개를 목표로 써넣어 보라.

아무리 사소한 항목이라도 상관없다. 내용과 상관없이 일단 숫자를 채운다는 느낌으로 해보기 바란다.

리스트의 개수가 늘어날수록 자신감이 생겨 영업활동도 잘 풀릴 것이다.

경험이 없다 = 고객의 관점에 가깝다

예를 들어, 당신이 한 건의 계약도 성사시키지 못한 건축회사의 신입 영업사원이라고 가정해 보자.

그런 경험이 부족한 신입 영업사원이 자신 있게 "건축에 대한 모든 것은 제게 맡겨주십시오"라고 말하기는 어려울 것이다.

고객은 건축뿐만 아니라 '신입사원의 실습제물'이 되고 싶지 않다고 생각할 것이다. 이것은 신입 영업사원에게 있어 장애물로 작용한다.

'경험이 없어서 팔지 못한다' 그리고 '팔지 못하니까 경험을 쌓을 수 없다'고 한다면 언제까지고 앞으로 나아갈 수 없다.

현실적인 문제로 현시점에서 계약을 한 건도 체결하지 못했다고 한다면 '경험이 없다'는 사실을 바꿀 수 없다.

하지만 바꿔서 생각해 볼 수는 있다.

경험이 없다는 것은 '아마추어에 가깝다'는 말이며, 이는 '고객의 입장에 누구보다 가깝다'는 말이기도 하기 때문이다.

경험이 없기 때문에 아무것도 할 수 없다는 패배자적인 생각을 가지고 있으면 고객도 불안하게 만든다.

앞에서 말한 사례의 경우, '경험이 없으니, 건축에 관해 궁금한 점, 불안한 점을 고객과 함께 해결하겠다'고 생각해 보면 어떨까? 고객의 고민을 하나하나 세심히 들어 보자.

또한 처음에는 사전에 선배나 상사에게 조언을 구하거나, 도움을 요청하는 것도 좋을 것이다.

고객들 중에는 '베테랑 영업사원보다 신입 영업사원을 선호하는' 사람도 있다. 신입사원의 한결같은 자세가 고객의 마음을 움직이는 경우도 있다. 경험이 없는 것도 훌륭한 장점이 될 수 있는 것이다.

고객의 관점에서 함께 의문점을 해결

상품 설명에서 끝내지 말고 고객에게 관심을 갖고 질문을 하는 것이 중요하다. 질문하는 능력은 실제로 해보면 실력이 는다.

이것이 POINT!

경험이 없는 만큼 고객의 마음에 다가가 고객이 불안해하는 점을 알아내자.

07 적절하게 잘 쉬는 사람일수록 성과를 낸다

혹시 '잘나가는 영업사원은 365일 쉬지 않고 일한다'고 생각하고 있지는 않은가? 하지만 결코 그렇지 않다.

사실 잘나가는 영업사원일수록 적절하게 쉬는 법을 잘 알고 있다.

그들은 '쉴 때'와 '할 때'를 확실히 구분할 줄 안다.

회사에는 다양한 마감이 있는데, 일반적으로 연차, 반기, 분기, 한 달과 같은 것이다. 또 매일의 마감도 있다.

예를 들어, 월말의 마감일이 다가오면 '무리해서라도 실적을 올리자'고 생각하기 쉽다. 또한 마감일이 다가오면 상사가 "무슨 수를 쓰더라도 계약 건수를 늘려와!"라고 압박을 가한다.

그리고 마감일이 지나고 다음 달로 넘어가면 '겨우 압박감에서 해방됐다. 한숨 돌리자'라고 생각한다.

실적이 좋지 못한 영업사원은 강약 조절을 못하기 때문에, 긴장이 풀린 상태를 계속 유지하게 되고, 결국 영업활동의 전체적인 습관이 무너지게 된다.

그리고 마감일이 다가올 때마다 초조해한다.

이렇게 해서는 영원히 피로는 풀리지 않는다.

반면, 실적이 좋은 영업사원은 강약의 조절을 잘한다.

- 정각에 퇴근하는 날을 정해서 좋아하는 일을 하는 시간을 확보한다.
- 미리 휴가를 받아, 휴가일정을 짜 둔다.
- 하루 중 휴식시간을 1~2시간 확보한다.
- 밤새워서 야근은 하지 않고, 수면시간은 6시간 이상 확보한다 등을 정해 두고, 제대로 몸과 마음을 재충전한다.

쉴 땐 쉬고, 할 땐 한다.

좋은 실적을 유지하기 위해서는 이러한 강약 조절이 필수이다.

업무와 휴식의 경계를 잘 조절하자

예를 들어…

매일 잠깐의 낮잠 시간을 확보하자.

밤샘 야근은 피하고, 수면시간을 확보하자.

한 달에 한 번 휴가를 정해, 휴가계획을 세우자.

칼퇴근하는 날을 정해 두고 좋아하는 일을 하자.

이것이 POINT!

스스로 '쉬어야 할 때'를 확실히 정해 놓고 업무에 임하자.

08 '네 가지 공통된 자신감'이 영업사원을 강하게 만든다

실적이 좋지 않던 시절의 나는 "회사의 방식이 마음에 들지 않아", "그런 상품이 팔릴 리 없어"라며 회사와 상품의 험담을 하곤 했다.

그 당시 나는 큰 오류를 범하고 있었다.

어리석게도 '회시에 대한 자신감', '상품에 대한 자신감'을 스스로 깎아내렸기 때문이다.

회사의 험담을 하면 회사에서 찍히고, 상품의 단점을 말하고 다니면 절대 상품의 장점을 전달할 수 없다.

상품에 대한 평판도 나빠지고, 점점 상품은 팔리지 않게 된다.

반면, 잘나가는 영업사원은 회사나 상품에 대한 험담을 하지 않는다. 물론 단점을 알고는 있지만 이를 상쇄할 수 있는 좋은 점을 찾아서 어필하는 것이다.

실적이 좋은 사람은 공통적으로 '네 가지 자신감'을 가지고 있다.

'회사', '상품' 외에도 '직업에 대한 자신감', '자신에 대한 자신감'이다.

이 네 가지 중 하나라도 극단적으로 결여되면 그 하나에 발목을 잡힌다.

'리비히의 최소율의 법칙(Liebig's Law of Minimum)'이라는 것이 있는데, 이는 식물의 생육은 필요한 양분 가운데 최소한의 양에 지배된다는 이론이다.

만약 당신에게 실력이 있다고 해도 위 네 가지 자신감 중 하나라도 결여되어 있는 부분이 있으면, 그것이 결국 발목을 잡게 된다.

그러면 자신이 가진 능력을 최대한 발휘할 수 없다.

네 가지 자신감 중 당신에게 가장 부족한 것은 무엇인가?

그 부분이 보완되는 순간, 당신의 힘이 발휘되고 단번에 성과가 올라갈 것이다.

자신감을 갖는 네 가지 방법

회사, 상품에 대한 자신감

회사, 상품의 장점을 찾아 말로 해보자. 친구나 가족 등 주변 사람들에게도 말해 보자.

직업에 대한 자신감

호의적인 고객, 계약을 마친 고객과 접점을 많이 만들 것. 영업이 아닌 사후관리 등 도움이 될 만한 정보를 제공하면 고마워할 것이며, 그것은 곧 자신에 대한 자신감으로 이어진다.

자신에 대한 자신감

자신과의 약속을 지킬 것. 아무리 사소한 것이라도 좋으니 지킬 수 있는 약속을 설정하고, 지켜 나갈 것

이것이 POINT!

자신이 약하다고 생각하는 부분을 단련해 보자.

제1장의 체크리스트

1 영업이란 고객으로부터 신뢰를 얻어, 고객의 의사결정을 도와주는 존재이다.

□ 영업직이라는 것에 자부심을 갖자.

2 신입이라도 고객 앞에서는 '회사의 얼굴'이다.

□ 회사의 이미지는 '자신의 행동'에서 비롯된다는 의식을 갖자.

3 영업력은 모든 사람에게 필수 불가결한 요소이다.

□ 영업활동은 고객의 앞에서뿐 아니라 회사 사람들과 있을 때도 의식하자.

4 잘나가는 영업사원 중엔 소심한 사람이 많다.

□ 겸손한 자세를 잊지 말자.

5 장점의 개수만큼 영업 실적은 좋아진다.

□ 자신의 장점을 열 개 이상 종이에 써 보자.

6 '경험이 없음'은 단점이 아니다.

□ 고객의 관점을 기억하며 행동하자.

7 휴식을 취하는 것에 자괴감을 느끼지 않아도 된다.

□ 쉴 때와 할 때의 구분을 명확히 하자.

8 '네 가지 자신감'은 영업사원을 강하게 만든다.

□ 자신에게 부족한 '자신감'을 찾아보자.

영업력을 단련하는 연습 No.1

Q 다음 A~E 중 영업을 잘 해야만 하는 직종의 사람은 누구일까? 맞는 것에 O표 하라.

A 음식점 · 옷가게
B 호텔 · 레저시설
C 은행
D 세무사 · 변호사
E 의사 · 치과의사

정답은 다음 페이지에

A

정답은 A~E 전부 다

해설 모든 직업에 있어서 고객이 오지 않으면 매출은 제로를 기록하고, 머지않아 회사는 도산하게 된다.
음식점이나 옷가게의 경우 고객들이 오지 않으면 물건을 팔지 못하고 문을 닫게 된다는 점을 쉽게 상상할 수 있을 것이다.

이는 은행, 세무사, 변호사, 의사도 마찬가지다.
아무리 탄탄한 회사라 해도, 아무리 대단한 자격을 가지고 있다 해도 중요한 고객이 찾지 않으면 비즈니스가 성립할 수 없다.
즉, 어떤 직종에 있어도 가장 중요한 과제는 고객을 잡는 것이다.
또한 창업을 생각하는 사람에게도 당연히 영업활동은 필수이다.

고객을 잡기 위한 영업활동은 기업에서 가장 중요한 활동이다.

영업직은 회사의 조직을 지탱하는 핵심인력이다.
스스로 영업직으로 일한다는 자신감을 갖고 임하자.

첫 만남에서 고객을 사로잡아라!

이런 영업사원이 되지 않기 위해서 GO!

09 실적이 좋은 영업사원은 왜 '겉모습'에 신경 쓸까

영업에서 실적을 내기 위해 '겉모습이 매우 중요하다'는 것은 이제 누구나 다 아는 사실이다. 하지만 실제로 겉모습을 중시하는 영업사원은 그다지 많지 않다.

고객이 영업사원의 입장에서 '스타일은 별로지만, 속은 꽉 찬 사람일 거야'라고 생각해 주지는 않는다. 겉모습에서 좋지 않은 인상을 주었다면, 상담 테이블에 고객을 앉힐 수도 없을뿐더러, 진지하게 이야기를 들어주지 않는 것이 현실이다.

실제로 고객의 입장이 되어서 생각해 보자.

낡은 정장에 지저분한 가방, 머리에 비듬이 앉아 있는 영업사원이 당신의 눈앞에 있다면 어떨까? 그런 사람의 이야기를 누가 듣고 싶어 할까. 특히 집의 경우는, 큰 금액의 계약금이 오가고, 대부분의 사람들에게 있어 '일생에 한 번' 있는 중요한 거래다. 그런데 영업사원이 이런 모습으로 나타났다면 '이 사람에게 맡겨도 될까' 하는 미심쩍은 마음이 드는 것은 당연한 일이다.

이는 비단 주택 영업에만 해당되는 말은 아니다.

특히 몇 년이나 높은 실적을 유지해 온 영업사원은 청결함은 기본이고, 바른 자세, 세심한 부분까지 철저히 신경 쓰고 있다.

잘나가는 영업사원은 '고객이 어떻게 생각할지'를 항상 생각한다.

영업활동을 점검하기 전에 겉모습에 대해 점검해 보기를 권한다.

'헤어스타일', '옷차림', '표정' 등 지금 한 번 체크해 보기 바란다.

현재 성과가 좋지 못한 것은 실력이 부족해서가 아니라, 기본적으로 겉모습이 매너에 어긋난 부분이 있어서인 경우가 의외로 많다.

만난 지 5초 만에 첫인상이 결정된다!

Check!

머리가 푸석푸석하지 않은가?
비듬, 코털, 모공은 잘 관리되어 있는가?
정장과 셔츠는 잘 다려져 있는가?
자세가 구부정하지 않은가?
구취, 체취는 괜찮은가?
구두는 깨끗한가?

이것이 POINT!

스타일에 변화를 주는 것만으로도 기회가 단번에 늘어난다.

남성 영업사원의 이상적인 옷차림

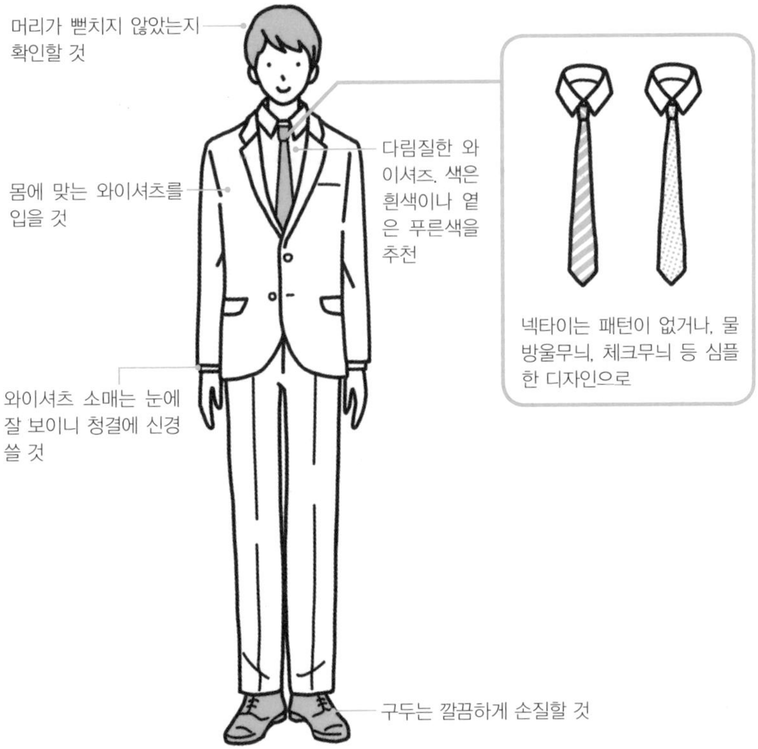

영업활동에 있어 단정한 옷차림은 매우 중요하다.

비싼 것을 걸칠 필요는 없다. 예를 들어, 저렴한 와이셔츠라도 드라이를 맡기거나, 다림질을 해서 빳빳하게 관리하면 인상에 변화를 줄 수 있다. 구두나 가방은 조금만 손을 봐도 금방 달라진다. 영업에서 성과를 내기 위해서는 첫 만남 후 몇 초 동안의 인상이 매우 중요하다. 포인트를 기억하고, 첫 만남의 순간에서부터 고객에게 좋은 인상을 주자.

여성 영업사원의 이상적인 옷차림

여성은 스타일에 변화를 줄 수 있는 요소가 많기 때문에 남성보다 옷 선택이 어렵다. 너무 화려해서도 안 되고, 너무 수수해도 고객에게 좋은 인상을 줄 수 없다. 여기서도 중요한 것은 '고객의 시선'이다. **화려한지 여부보다 영업활동에 지장을 주지 않는 복장을 선택해야 한다.** 여성의 경우 남성에 비해 경계심을 낮출 수 있다는 장점이 있다. 게다가 옷차림으로 좋은 인상을 줄 수 있다면 그 후는 매우 유리해진다.

12

영업에 꼭 필요한 소품들

평소에 지니고 다니는 소품은 '업무에 얼마나 집중하고 있는지'를 보여주는 부분이기도 하다.

진지하게 업무에 임하고자 마음먹은 사람은 들고 다니는 것에도 자신만의 규칙이 있으며, 반대로 적당히 일을 하자는 생각을 가진 사람은 가지고 다니는 것부터 차이가 난다. 영업에서 가지고 다니는 소지품은 복장과 마찬가지로 중요하다.

가방

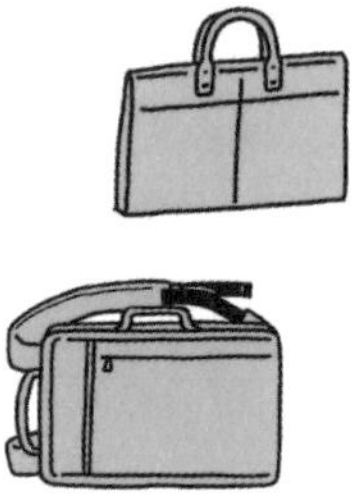

영업직의 소지품 중에서도 가방은 큰 영향력을 가지고 있다. 내용물을 정리 정돈해서 물건이 어디에 있는지 파악해두어야 한다. 가능하면 세워둘 수 있는 형태의 가방을 선택하는 것이 좋다. 영업사원 중에는 백팩을 사용하는 사람들이 늘고 있는데, 손잡이가 달린 겸용 가방이 좋다. 고객을 만나기 전에는 손잡이를 드는 서류가방이 바람직하다.

구두

남성은 전형적인 디자인(스트레이트 팁)을 추천한다. 구두 앞코가 뾰족한 모양 등 특이한 디자인은 피하는 것이 좋다. 여성은 검은 펌프스화가 기본이다. 굽은 5센티미터 정도가 적당하다. '걷기 편한지' 등 기능적인 면도 소홀히 해서는 안 된다. 구두는 모두 평소에 손질을 해 두는 것이 좋다.

양말 · 스타킹

양말은 기본적으로 정장 색에 맞춰서 신는다. 검은색, 짙은 남색, 회색이 무난하다. 발목 양말은 NG. 여성은 펌프스화를 신을 때에는 자연스러운 컬러의 스타킹과 매치한다. 양말과 스타킹은 구멍이 나지 않았는지 주의해야 한다.

시계

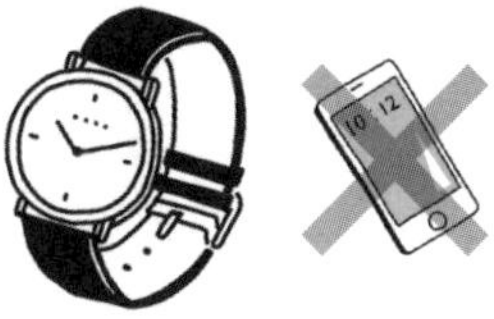

흰색 계열로 숫자가 잘 보이는 것이 좋으나, 심플한 디자인이라면 OK. 금색 등 화려한 것은 피하는 게 좋다. 핸드폰이나 스마트폰을 시계 대신 사용하는 것은 비즈니스에서는 NG.

우산

비닐우산으로 출퇴근하는 사람들도 많지만, 조금 질이 좋은 우산을 구비해 두면 거래처에서 신용이 달라지고, 스스로 기분전환도 할 수 있다. 접이식 우산은 가방에 들어가는 사이즈가 좋다.

볼펜

볼펜은 사은품으로 받은 것 말고 조금 값이 나가는 것을 사용하기를 추천한다. 고객은 세심한 부분까지 관찰하고 있다는 것을 잊지 말 것.

명함 케이스

명함을 교환할 때 반드시 상대의 눈에 띄는 물건이므로 되도록이면 낡지 않은 것을 사용하자. 카드 겸용 케이스도 NG. 정장의 속주머니나 가방 안에서 바로 꺼낼 수 있는 곳에 넣어두기를 추천한다.

손수건

손수건은 두 장 정도 가지고 다니면 좋다. 한 장은 본인이 사용하고, 나머지 한 장은 고객이 필요할 때 건넬 수 있도록 깨끗한 것으로 준비해 두기를 추천한다.

볼펜이나 명함 케이스 등 자그마한 소품은 조금 가격이 있는 것을 선택하면 고객의 신뢰도가 상승!

13

잘나가는 영업사원은 발밑을 정돈한다

'잘나가는 영업사원의 구두는 깨끗하다'는 이야기를 들은 적이 있을 것이다. 비즈니스 예절과 관련된 책에도 꼭 '매너는 발밑에서부터'라는 내용이 들어 있는 경우가 많다.

어떤 구두를 신고 있는지, 어떻게 관리하는지를 보면 그 영업사원의 수준을 알 수 있다.

내가 고객으로서 한 상품의 구입을 고민할 때의 일이다.

영업사원 A가 우리 집을 직접 방문한 적이 있다. 당시 A는 현관에서 구두를 벗고, 손이 아닌 한 발로 구두를 밀어가며 정리했다. 심지어 구두도 지저분한 상태였다. 이것을 본 순간 '왠지 이 사람에게 물건을 사기 싫다'는 생각이 들었다.

그 후 영업사원 B가 방문했을 때의 일이다. B는 현관을 등지고 얌전히 구두를 벗고, 마루에 올라와 가지런히 구두를 정리했다. 또 구두의 상태도 방금 광을 낸 듯 깨끗했다. 그 순간 '이 사람이라면 안심하고 물건을 구매할 수 있겠다'는 인상을 받았다. 그리고 B에게 물건을 구입하기로 결정했다.

고객은 영업사원의 구두를 관찰한다. 또 구두의 청결 상태도 곧잘 관찰한다. 평소에 깨끗하게 관리하고, 정갈하게 정리하는 것을 마음에 새겨두자.

- 브러시를 사용해 먼지를 턴다.
- 구두 광택제로 광을 낸다.
- 신발 커버를 사용한다.

와 같이 일반적인 관리만 해도 좋다.

구두를 정리할 때에는, 고객에게 등을 지지 않고 몸만 살짝 돌린다. 벗어놓은 구두를 현관 한쪽으로 밀어 놓는 것도 잊지 않도록 하자.

구두를 정돈하는 모습만 보아도 영업사원의 수준을 알 수 있다

Check!

브러시로 먼지를 제거한다.
광택제로 광을 낸다.
신발 커버를 사용해 항상 새것처럼 유지한다.

Check!

가지런히 정리할 것
현관 구석에 밀어 놓을 것
양말이 더럽지 않은지, 악취가 나지 않는지 주의할 것

이것이 POINT!

구두를 항상 청결하게 보관하며, 소중히 다루도록 하자.

14

첫인상을 최고로 만들어주는 명함 교환

명함 교환은 영업활동의 기본이며, 회사 연수에서도 가장 처음에 배우는 영업 예절이다.

기본적인 이야기지만 명함은 명함 케이스 위에 올려 두 손으로 건넨다. 그리고 상대보다 먼저 명함을 건넨다. 건넬 때는 "○○사 영업담당 ○○○입니다"라고 소속을 밝힌다. 상대의 명함을 받을 때도 명함 케이스 위에 명함이 오도록 하며 받는다.

그때 **이름을 보며 '○○이라고 부르면 될까요?' 등 소리 내서 이름을 말한다.**

이름과 관련된 에피소드가 생길 수도 있고, 무엇보다 속으로 읽어보는 것보다 몇 배나 더 기억에 잘 남는 효과가 있다.

또 헤어진 후에는 **상대의 외적 특징이나 취미를 메모해 두면 후에 만났을 때 쉽게 떠올릴 수 있어 편리하다.**

간혹 명함 케이스를 바지 뒷주머니에서 아무렇게나 꺼내는 사람이 있는데 이는 상대에 대한 예절에 어긋나는 행동이다. 기본적으로는 정장의 안주머니에 넣어 두어야 한다.

첫인상은 첫 만남의 몇 초 만에 결정된다. 당신이 고객의 입장이라고 생각해 보기 바란다.

명함 교환을 하는 순간에 '이 사람은 느낌이 좋다' 혹은 '별로다'라고 판단을 하게 된다. 그런데 명함 교환 예절이 몸에 배어 있으면 '이 사람은 일을 제대로 하겠다'란 인상을 줄 수 있다.

고객과의 만남, 업무관계 만남은 명함 교환에서 시작된다.

명함 교환 단계에서부터 다른 영업사원과 차별화한다.

만남은 명함 교환에서 시작한다

1 명함 케이스 위에 올려서 양손으로 건넨다.

※상대도 동시에 명함을 건넬 경우, 한 손으로 명함을 건네고 나머지 한 손으로 명함을 받는다. 그때 상대 명함의 위치보다 조금 아래로 가도록 건넨다.

2 명함은 상대방 쪽을 향하게 주며, 자신의 회사명과 이름을 말한다.

3 상대방 이름을 소리 내어 읽거나, 날짜, 외모 특징, 취미를 메모해 두면 상대를 기억해 내기 쉽다.

4 여러 명과 명함을 교환할 때에는 일반적으로 직책이 높은 사람 순으로 명함을 교환한다. 앉아 있는 순서대로 명함을 두면 상대의 이름을 착각하지 않을 수 있다.

이것이 POINT!

명함을 교환할 때 상대의 이름과 얼굴을 기억해 두자.

질 좋은 아이템이 스스로의 이미지를 높여준다

가지고 다니는 소지품의 중요성에 대해서는 이제 충분히 이해했을 것이라고 생각한다. 그러나 그중에는 '고작해야 소지품인데 영업실적에 얼마나 영향을 주겠어?'라고 생각하는 사람도 있을지 모른다.

사실 예전에 내가 그랬다.

과거 건축회사의 실적 낮은 영업사원이었던 나는 고객과의 상담에 싸고 사용한 지 오래된 가방을 가지고 갔다. 정장은 일 년 이상 드라이클리닝도 하지 않고, 넥타이는 가판에서 산 것을 매고 다녔다. 입사 후 7년 동안이나 그런 상태였다.

물론 그것 때문만은 아니었겠지만 나의 실적은 항상 저조했다. 그 후 방식을 바꾼 나는 점차 실적이 오르기 시작했다. 과감하게 최고급 아이템을 구입해 착용해 보았다.

그러자 믿지 못할 정도로 좋은 효과가 나타났다.

질 좋은 것을 몸에 지니고 소유하는 순간, 자신의 이미지도 고급스러워지는 것을 실감할 수 있을 것이다.

실제로 따라 해 보면 '그래서 잘나가는 영업사원들이 소지품에 투자를 하는구나' 하고 이해할 수 있을 것이다.

잘나가는 영업사원의 영업 멘트나 언변은 금방 익히기 어렵지만 소지품은 쉽게 따라 해 볼 수 있다.

가방이나 넥타이, 볼펜 등 작은 것부터 다소 높은 가격의 새로운 것에 도전해 보자.

지금 당장 모든 것을 바꾸라는 말이 아니다. 일단은 속는 셈치고 하나만이라도 '한 단계 위의 것'으로 바꿔 보자. 상상했던 이상으로 의욕이 생긴 자신의 모습에 놀라게 될 것이다.

소지품을 업그레이드해 보자

질 좋은 소품을 몸에 지니면

의욕 향상!
셀프 이미지 업!

이것이 POINT!

'한 단계 위'의 소지품은 여러분의 의욕과 이미지 향상에 도움을 준다.

제2장의 체크리스트

1 영업력은 지금 당장 익힐 수 없지만 옷차림은 바꿀 수 있다.

- [ ] 스타일을 개선해 기회를 넓혀 보자.

2 만난 후 몇 초 만의 첫인상이 가장 중요하다.

- [ ] 겉모습의 경우 '고객이 어떻게 생각할지'를 생각해 보자.

3 영업 도구에 업무 습관이 묻어 나온다.

- [ ] 고객이 보고 있음을 잊지 말고, 자신만의 도구를 몸에 지니자.

4 매너는 발끝에서부터라는 사실을 잊지 말자.

- [ ] 구두는 항상 손질해 두자.

5 명함을 교환하는 모습에서 영업 수준이 보인다.

- [ ] 명함 교환으로 라이벌들과 차별화하자.

6 질 좋은 소지품을 지니고 있으면 의욕이 오른다.

- [ ] 먼저 하나라도 '질 좋은 것'을 구입해 보자.

영업력을 단련하는 연습 No.2

Q 상사가 "다음 주 월요일에 함께 단골 고객의 회사에 인사하러 갈 테니 '제대로 갖춰 입고 오라'"고 말했다. 어떻게 입고 출근해야 할까?
당일 입어야 할 복장으로 옳은 것에 O, 옳지 않은 것에 X표 하라.

- ☐ 정장과 와이셔츠는 드라이해서 빳빳하고 깨끗한 것을 입는다.
- ☐ 강한 임팩트를 남기기 위해 화려한 넥타이를 매고 간다.
- ☐ 화려한 정장을 구입해 입는다.
- ☐ 구두를 깨끗이 관리해 둔다.

정답은 다음 페이지에 ▶

A

○ 정장과 와이셔츠를 드라이해서 빳빳하고 깨끗한 것을 입는다.

해설 꾸깃꾸깃한 정장이나 셔츠는 고객으로 하여금 좋지 않은 인상을 갖게 한다. 드라이클리닝이나 집에서 다림질을 해서 관리하자.

✕ 강한 임팩트를 남기기 위해 화려한 넥타이를 매고 간다.

해설 첫 만남에서 강한 인상을 남기기보다는 먼저 '성실함'을 보여주는 것이 중요하다. 감청색과 같은 차분한 색이 무난하다.

✕ 화려한 정장을 구입해 입는다.

해설 일할 때 복장은 자신의 만족감이 아니라 상대에게 어떻게 보일지를 중시해야 한다. 화려한 복장은 개인적으로 소장하고 업무를 할 때에는 심플한 디자인을 선택하자.

○ 구두를 깨끗이 관리한다.

해설 고객은 영업사원이 구두 벗는 모습을 자주 보게 된다.
심플한 디자인의 구두를 사서 깨끗하게 관리하면 좋다.

고객이 무심결에 말을 하고 싶게 만드는 비법

이런 영업사원이 되지 않기 위해서 GO!

16

영업사원에게 필요한 커뮤니케이션 능력이란?

잘나가는 영업사원은 '커뮤니케이션 능력이 좋다'는 이미지를 갖고 있다.

커뮤니케이션 능력에 따라 영업실적이 좌우된다는 것은 영업직에 종사하는 사람이 아니더라도 쉽게 생각할 수 있다.

그렇다면 이 커뮤니케이션 능력이란 어떤 것일까?

커뮤니케이션이란 사람과의 교류이며, 간단히 말해 이야기를 하거나 들으며 '의사소통을 하는' 것이다.

영업사원에게 필요한 커뮤니케이션 능력이란 '경청의 힘'이 중요한데, 경청을 하기 위해선 상대가 말을 하게 만들어야만 한다.

특히 처음 만나는 사람과는 대화가 잘 이어지기 쉽지 않은 법이다.

사실 원활한 커뮤니케이션을 하는 데 있어 가장 중요한 것은 '자신을 보여주는 것'이다. 연수를 받던 시절에 나는 연수처의 담당자와 둘이 있는 시간이 많았다. 이동에 10분, 혹은 20분이 걸릴 때도 있고, 식사를 함께 할 때에는 1시간, 2시간 이상 함께 있기도 했다.

그럴 때, '저 사람과 이야기하면 편하다'는 생각이 드는 경우가 있는가 하면 '이야기하면 불편하다'는 생각이 드는 경우도 있다.

그 차이는 자신을 얼마나 보여주는지 여부에 달려 있다.

이야기하기 편한 사람은 '나이, 출신지, 취미' 등 자신에 대해 이야기한다. 이러한 것이 계기가 되어, 상대도 자신의 이야기를 할 수 있게 된다. 하지만 대부분의 사람들은 자신의 이야기를 하지 않는다. 따라서 이야기의 소재를 만들기 어려운 것이다.

알맹이 없는 잡담만으로는 대화를 이어가기 힘들다. 커뮤니케이션 성공의 포인트는 바로 자기에 대해 얼마나 보여주는가이다.

먼저 가까운 사람에게 연습을 해 보자.

평소에 자신에 대해 이야기하는 연습을 해보자

대화 내용은 '출신지'나 '취미 특기'와 함께, '실패담'이나 '자학 개그' 등도 상대의 경계심을 풀게 한다.

주의점

지나친 사생활 이야기나 신변잡기식 이야기는 금물!
오래 이야기를 하면 되레 자기주장이 강한 사람으로 보여 역효과를 준다.

이것이 POINT!

적극적인 자기 어필은 고객과 동료들에게 호감을 준다.

17

눈만 응시하지 말고 얼굴 전체를 관찰한다

이야기를 하거나 커뮤니케이션을 할 때 "상대의 눈을 봐야 한다"는 말을 하곤 한다. 언뜻 생각하면 쉬울 것 같지만 의외로 어려운 일이다. 이를 어려워하는 사람도 적지 않다.

실제로 자신은 힐 수 있어도 상대는 그렇지 않은 경우도 있다.

젊은 남성 영업사원들로부터 의뢰를 받아 개인 컨설팅을 할 때의 일이다. 그는 말을 하면서 나와 거의 눈을 맞추지 않았다.

대화를 나누는 동안 '뭔가 불만이라도 있는 걸까?'라는 생각이 들 정도였다. 만약 내가 고객이고 그가 담당 영업사원이라면 '어딘지 믿음직하지 않다'는 인상을 가질 것이다.

영업 노하우보다는 이것이 더 중요하다고 판단해 나는 과감하게 그에게 시선에 대해 지적했다.

그러자 "앗! 눈을 맞추지 않았나요?"라며 놀라는 것이었다.

그는 다시 대화를 시작하며 잠깐 동안 살짝 시선을 맞추었지만, 그 후에는 다른 곳을 두리번거렸다.

그러나 본인은 '상대의 눈을 보며 이야기하고 있다'고 생각하고 있었다.

그래서 나는 상대의 눈을 보는 것에 대해 "얼굴 전체를 관찰하듯이 보라"고 조언해 주었다.

얼굴 전체를 보는 것에는 좋은 점이 많다.

서로 긴장감을 완화할 수 있고, 무엇보다 '돈에 관련된 이야기를 하자 입 근처가 굳었다'와 같은 고객의 심경 변화를 읽을 수 있다. 눈만 응시하는 것이 아니라 상대의 얼굴 전체를 관찰하듯이 바라보자. 눈을 맞추는 것이 어색한 사람들도 꼭 해보기 바란다.

고객의 표정에서 중요한 정보를 알 수 있다

불만이나 불안의 신호

입 근처를 꽉 다문다. 시선을 떨군다. 얼굴 표정이 어둡다.

이것이 POINT!

얼굴 전체를 관찰하고 '상대의 진심'을 읽자.

어려운 이야기를 알기 쉽게 전달하는 것이 일류 영업사원

실적이 좋은 영업사원은 아마추어처럼 말하고, 실적이 좋지 않은 영업사원은 전문가처럼 말하는 법이다.

이 사실을 알게 된 것은 입사한 지 얼마 되지 않아서였다.

A선배는 풍부한 지식을 보유하고 있으며, 특히 고객들에게 전문가처럼 설명했다. 끊이지 않고 전문용어나 외래어를 사용하는데, 듣고 있으면 그의 말에 홀리는 것 같았다.

너무도 물 흐르듯이 자연스러워 '언젠가 나도 저렇게 멋지게 설명할 수 있게 되면 좋겠다'고 동경했다.

반대로 B선배는 전문가 같은 말투는 전혀 사용하지 않았다.

고객에게 설명하는 모습을 보고 '저렇게 간단하게 설명해서 정말 괜찮을까' 하고 생각하곤 했다.

그러나 예상과 달리 A선배보다 B선배가 훨씬 영업실적이 좋았다.

A선배의 실적이 저조했던 이유는, 자신의 지식에 취해 고객이 처음 듣는 어려운 용어를 사용해 가며 설명했기 때문이다.

그렇게 해서는 좋은 결과가 나오지 않는다.

한편, B선배는 고객에게 어려운 용어를 사용하지 않고 이해하기 쉽게 이야기한다. 상대방의 지식수준에 맞춰 이야기를 한 것이다.

지금까지 잘나가는 영업사원을 수없이 봤지만, 모두 하나같이 이해하기 쉽게 이야기한다는 것을 알 수 있었다.

상품 관련 지식이 풍부한 것은 당연하지만, **어려운 이야기를 알기 쉽게 전달하는 기술이 뛰어났다.**

이처럼 어려운 이야기를 알기 쉽게 전달하는 것도 영업사원의 중요한 역할 중 하나인 것이다.

실적을 내는 영업사원은 일부러 아마추어처럼 말한다

신문, TV, 인터넷, SNS, 책 등을 읽어 정보수집과 어휘를 늘린다.

자신의 지식을 뽐내며, 어려운 용어, 외래어를 남용한다.

상대의 지식수준에 맞춰 어려운 것은 풀어서 설명한다.

이것이 POINT!

처음 듣는 사람이라도 이해할 수 있게 설명하도록 하자.

19 고객의 요청을 소리 내서 복창하는 효과

주택 영업사원 시절의 이야기이다.

영업사원은 정식 도면을 그리지 못하기 때문에 고객의 요구사항을 설계자에게 전달할 때 자료나 서면으로 하게 되는데, 상세한 뉘앙스가 전달되지 않기 때문에 전화로 보충하는 경우도 있다.

내가 제일 신뢰하는 설계 작업자 A는 전달받은 항목에 대해 "거실을 두 평 확장하고 다용도실을 만든 다음, 거실 창을 50센티미터 크게 만들면 좋겠다"라고 다시 말한다.

이처럼 다시 말해 주면 '의뢰 내용이 정확하게 전달되었다'는 것을 확인할 수 있어 고객이 안심할 수 있다.

또한 실수가 거의 없고, 무엇보다 '꼼꼼하게 임하고 있다'는 느낌을 줄 수 있다.

한편, 설계 작업자 B는 내가 고객의 요구사항을 전달해도 "알겠다"라고 짧게 대답한다. 대답만 하면 '잘 전달된 건지' 불안한 느낌이 든다. 완성되고 나서 살짝 변경되는 경우도 있고, 무엇보다 설렁설렁한다는 느낌이 든다.

의뢰 내용을 충분히 이해했다 해도 다시 말해 주면 고객 입장에서는 안심이 된다.

고객은 많은 영업사원과 만나게 된다.

그 가운데 전달한 요구사항을 다시 짚어 주는 사람은 의외로 많지 않다.

본인은 '메모했으니 괜찮다'고 생각할지 모른다.

그러나 복창은 '잊어버렸는지'의 문제가 아니라 '이 사람은 내 이야기에 세심히 귀기울여 주고 있다'는 느낌을 주는 효과가 있다. 고객이 두 가지 이상 질문을 한다면 요구사항을 재확인하기 바란다.

그러면 고객은 당신에게 좋은 인상을 갖게 될 것이다.

원활한 커뮤니케이션을 위한 '복창' 효과

말하는 사람의 효과

- 실수를 줄일 수 있다.
- 기억에 잘 남는다.

듣는 사람이 얻는 효과

- 제대로 전달되었다는 '안심감'
- '말이 통하는 사람'이라는 이미지 업 효과

이것이 POINT!

몇 가지 질문을 하며 요청을 재확인하는 습관을 들이자.

20

'진지하게 듣고 있음'을 몸으로 전달하자

나는 다양한 업계의 요청을 받아 연수와 강연을 하고 있다. 내 책을 읽고 '꼭 기쿠하라 씨의 강연을 듣고 싶다!'는 사람들만 있으면 좋겠지만 그렇게 녹록한 환경은 아니다. 때로는 나에 대해 아는 사람이 아무도 없고, 완전히 적진에 둘러싸인 상태처럼 느껴지는 경우도 있다. 이야기를 하다 보면 '저 사람은 이야기를 듣고 있지 않다'는 것을 알 수 있다.

그런 가운데 크게 리액션을 하며 '진지하게 듣고 있다'는 자세를 취하는 사람이 있으면 큰 용기를 얻게 된다.

내가 한 세무사 사무실에서 강연을 할 때의 일이다.

흔치 않게 2월에 강연이 잡혔다. 세무사들에게 2월은 일 년 중 가장 바쁜 달이다. 1분이라도 허투루 쓰고 싶지 않은 시기에 내 이야기를 듣고 앉아 있는 데 짜증을 느끼는 것도 당연했다. 그렇게 완전한 적진 한가운데서 한 명의 남성만이 몸을 숙여 메모를 하며 크게 고개를 끄덕여 주었는데, 그렇게 고마울 수가 없었다. 그가 어떤 사람인지 알기 전부터 '분명 실적이 좋은 사람일 것이다'란 생각이 들었다.

그 후 명함을 교환하고 이야기를 나누었는데, 매우 학습의욕이 높고, 업계에서 가장 실적이 좋은 대단한 사람이었다. 그처럼 강연장에는 적극적으로 경청하는 자세를 보여주는 사람들이 있다. 명함 교환 후 이야기를 나누면 틀림없이 대부분 실적이 좋은 사람들이었다. 자신의 리액션은 생각보다 상대에게 잘 전달되지 않는다. 다소 과장해서 의식적으로 리액션을 크게 하도록 하는 것이 중요하다.

상대방의 이야기를 '진지하게 듣고 있음'을 몸으로 전달할 것! 이는 잘나가는 영업사원들은 반드시 몸에 익히고 있는 기술이다.

말하는 사람을 기분 좋게 만드는 세 가지 리액션

고객은 이야기를 진지하게 들어주는 영업사원에게 호감을 느낀다.

21 이것만은 피했으면, 하지 않았으면 하는 것을 알아두라

영업활동에서 가장 중요한 것은 '고객의 요청'을 제대로 듣는 것이다. 예산, 구입시간, 기호 등 하나하나를 잘 새겨들어야 한다. 바로 쉽게 대답하는 고객이라면 괜찮지만, 문제는 어떤 질문을 해도 확실히 대답하지 않는 고객이다. 이러한 경우에는 어떻게 해야 좋을까?

추천하는 방법은, 확실한 대답을 하지 않는 고객에게 "이것만은 피했으면 하는 것이 있을까요?" 하고 묻는 것이다. 이 질문이라면 좀처럼 이야기를 하지 않는 고객이라도 무엇이든 말하지 않을 수 없게 된다.

요구사항을 결정하지 않은 고객이라도 '이것만은 피했으면 좋겠다'는 점이 분명하게 있는 경우가 많다.

이를 질문함으로써 장애물이 사라지고, 고객의 요구사항이 무엇인지 알게 되는 경우도 있다. 또 고객의 이야기를 들을 때 "우리 회사에서 이것만은 피했으면 하는 사항이 있으신가요?" 하고 묻기를 추천한다.

이 질문은 고객도 비교적 쉽게 대답할 수 있고, 알아두면 여러모로 편리하다.

- 평일에는 전화로 연락하지 말 것
- 방문은 절대 사절
- 우편물에 회사명을 쓰지 말아 줄 것 등

이러한 정보는 다음 고객 영업에도 매우 도움이 된다.

'평일에는 전화 연락을 피할 것'이란 메모를 보면 전화가 아닌 메일로 연락을 할 것이다.

깜빡하고 전화를 해서 고객이 불쾌해할 일이 없어지는 것이다. 하지 말았으면 하는 것을 듣고, 컴퓨터에 문서화해서 보관해 두거나 고객 카드에 기입해 두기를 권한다.

고객이 좀처럼 원하는 것을 말하지 않을 때의 대처법

1 고객은 피하고 싶은, 하지 않았으면 하는 것을 말하는 경우가 많으므로 잘 기억해 둘 것

2 고객별로 피하고 싶은, 하지 않았으면 하는 것을 작성해 둘 것

이것이 POINT!

'해서는 안 되는 것'을 메모해 두면 위험을 피할 수 있다.

22 상품 구입 후의 미래를 상상하게 하는 긍정적인 질문

앞서 이것만은 피했으면 하는 것, 이것만은 하지 말았으면 하는 것에 대해 이야기했다.

이를 통해 부정적인 정보가 더 대답하기 쉬움을 알 수 있다.

사람은 '쾌락을 추구하기보다 고통을 피하기를 선호하는' 성질을 갖고 있으며 삶을 영위하는 것을 우선하므로, 위험을 피하는 것을 중요시하는 경향이 있기 때문이다.

하지만 **부정적인 질문만 하면 '자, 앞으로 새로운 물건을 사야지!'라는 마음을 갖기 어려운 법이다.**

피하고 싶은 것을 묻고 장애물을 제거했다면, 이번에는 고객이 구입에 한 발 더 다가가게 하는 질문을 해 보자.

특히 우유부단한 고객은 '구입을 고민하는 상태'를 즐기는 경우도 있다. 고민하고 있는 상태를 의식적 혹은 무의식적으로 즐기고 있는 것이다.

고객이 물건을 구입하도록 하기 위해서는 '구입한 후의 상황'을 상상하게 할 필요가 있다.

- 이 상품을 구입하면 누구에게 자랑하고 싶으신가요?
- 자녀분과 함께 사용하면 좋을 것 같은데요?
- 이 상품을 사용하면 생활이 어떻게 변할까요? 등

이러한 긍정적인 방향으로 나아가는 질문을 하면 좋다.

'부정 → 긍정' 이 두 가지 질문을 세트로 하면 좋은 흐름이 될 것이다.

꼭 고객의 요구사항을 듣는 과정에 이용해 보기 바란다.

부정적인 질문 → 긍정적인 질문이 효과적

부정적인 질문

- 영업사원이 하지 않았으면 하는 것은 무엇인가요?
- 이것만은 피했으면 하는 것이 있으신가요?

긍정적인 질문

- 구입 후 한 달이 지나면 생활이 어떻게 달라질까요?
- 상품을 구입하면서 가장 좋은 점은 무엇인가요?
- 상품을 구입하면 누구에게 자랑하실 건가요?

이것이 POINT!

긍정적인 질문으로 상품을 구입한 후의 미래를 그려보게 하자.

평생 도움이 되는

23 입담이 부족한 사람을 위한 간단한 영업 멘트

나는 애드리브에 약하기 때문에 고객을 만날 때에는 어느 정도 이야기의 순서를 정해 두고 '이야기 설계도'를 작성해 사용한다.

기본적인 흐름이기는 하나 **'인사 → 경계심을 푼다 → 강요하지 않는다 → 고민을 듣는다'**와 같은 흐름이다. 생명보험업계에서 높은 실적을 기록하는 사람과 이야기를 나누었을 때의 일이다. 그 사람도 이야기 설계도를 활용하고 있었으며, 나와 비슷한 패턴으로 이야기를 구조화하고 있었다.

말하는 내용은 각자 달랐지만, **성과를 내는 유능한 사람은 '이야기를 구조화'하는 능력이 매우 뛰어났다.** 그 사람이 그 비결을 알려주었다.

영업사원: 이야기를 어떻게 할지 항상 생각하고 있지만, 자신도 모르는 사이에 '자신의 실적'을 우선시하는 경우가 있습니다.

나: 확실히 그럴 때가 있습니다.

영업사원: 그럴 때에는 "이 이야기를 형제에게 할 수 있는지?"를 물어봅니다.

나: 형제요?

영업사원: 확실히 형은 윗사람이니까, 조금이라도 자기 위주로 말을 하면 지적을 할 것입니다.

이것은 매우 훌륭한 점검방법이다. '고객에게 이 순서로 이 이야기를 하면 되겠다'라고 이야기 설계도를 생각한 후 '이를 부모님이나 형제에게 한다면?' 하고 스스로에게 질문을 던져본다. 가장 친한 친구라도 상관없다.

부모, 형제, 친구에 대해서라면 자신의 실적을 위한 판매 강요는 하지 않고 '그 사람에게 정말 유용한 것인지'와 같은 내용으로 만들 것이다. 이는 영업활동에도 적용할 수 있는 이야기이다.

먼저 지금까지 하고 있는 영업 멘트에 대해 이 멘트를 부모, 형제, 친구에게 한다면 어떨지 자기 자신에게 질문해 보자.

사전에 토크 설계도를 준비해 두자

주택영업의 경우

토크 설계도를 머릿속에 집어넣고 '이 내용을 부모님이나 형제에게 한다면?'이라고 스스로에게 질문하자.

24 실적이 좋은 영업사원은 거절의 말을 있는 그대로 받아들이지 않는다

주택영업을 하던 시절의 일이다. 고객을 대할 때 가장 어려운 것은 고객으로부터 '아직 먼 이야기인데요'라는 거절의 말을 들었을 경우이다. 주택은 평생에 한 번 있는 큰 거래이기 때문에 이해를 못하는 것도 아니지만, 이야기를 꺼내자마자 바로 이렇게 거절당하면 다음 이야기를 하기가 어려워진다. 당시 나는 이 거절의 말을 어떻게든 무마하려 "나중으로 미루실 필요가 있을까요?" 또는 "왜 지금은 어려우신가요?"라며 그 이유를 추궁했다. 이유를 알면 해결해 줄 수 있을 거라고 생각했기 때문이었다.

그러나 어떻게 물어봐도 "딱히 이유는 없는데, 서두르고 싶지는 않아서요"라고 넘어갈 뿐이었다. 당시 나는 '이 거절의 말을 어떻게든 극복할 수 있는 방법이 없을까' 고민했다.

사실 **경계심이 강한 고객은 모두 '영업사원의 말에 홀려 사고 싶지 않다'는 생각을 갖고 있다.** 따라서 강매를 당하지 않기 위해 경계하느라 "아직 생각이 없어서요"라고 방어선을 긋는 것이다.

물론 이는 본심이 아닌 경우도 많다. '여기서 사도 될까?', '정말 좋은 물건이 맞을까' 살펴보는 것이다. 본심이 아닌 사람한테 '왜 그러는지'를 묻는다 해도 고객은 대답할 말이 없다.

그렇다면 무턱대고 추궁할 것이 아니라 인사치레 겸 가볍게 흘리듯 말하면 된다. 그 후 나는 그 거절에 대해 "그렇게 말씀하시는 고객들도 계시니까 걱정 마시고 한번 보세요"라고 가볍게 받아치게 되었다. 그 다음부터는 상당히 자연스럽게 이야기가 진행되었다. **만나고 바로 하는 거절은 진심으로 하는 말이 아닌 경우가 많다. 거절을 진심으로 받아들이지 말고, 차분히 다가가 보자.** 고객의 말에 대해 그래도 괜찮다는 자세가 중요하다.

거절의 말을 들었을 때 어떻게 할까?

가령

- 이유를 추궁하지 않는다.
- 인사치레로 넘어간다.

이것이 POINT!

만남 후 바로 하는 거절은 진심이 아닐 수도 있음을 명심하자!

25

상품의 단점도 말할 수 있는 영업사원이 되라

지인 소개로 금융상품을 판매하는 회사에서 일하는 사람을 만난 적이 있다. 간단히 인사를 나눈 후 상품 설명을 들었다.

열정적으로 설명하는 모습은 좋았으나, 상품의 장점만 계속 늘어놓아 오히려 '정말 장점만 있는 상품일까?'라는 의문이 들었다. 한 시간 정도 설명을 들었는데, 결국 나는 그 상품 구입을 보류하기로 했다.

아무리 훌륭한 제품이라도 단점이 없는 상품은 없다.

단점은 전혀 말하지 않고, 장점만 열거하면 미심쩍은 생각이 드는 법이다.

나 또한 그러한 실패를 거듭해 왔다.

실적을 내지 못하던 시절 나는 '고객에게 반드시 회사의 장점을 전달하겠다!'는 열정으로 장점만 강조해 설명했다. 내가 열심히 설명을 하면 할수록 식어가는 고객의 반응을 보고 '조금 더 강조해서 전달해야겠다'며 더욱 조급해했던 것이다. 하지만 그렇게 노력하면 할수록 물건은 팔리지 않았다.

이러한 경험을 통해 나는 장점뿐 아니라 "우리는 ○○을 할 수 없다는 단점이 있습니다"며 단점도 솔직하게 말하게 되었다.

그러자 고객이 나의 이야기에 몇 배 더 귀를 기울이게 되었다. 그것이 고객들로 하여금 이야기를 들어주는 효과를 몇 배나 높일 수 있다는 것을 경험을 통해 알게 되었다.

다만 단점을 말한 후 보완점도 잊어서는 안 된다. '○○은 불가능하지만, ○○으로 보완할 수 있습니다' 등 결점을 보완하는 보안대책도 준비해 두어야 한다.

단점을 이야기하고 그 보완책도 잊지 않고 말한다. 그렇게 함으로써 신뢰도는 올라가고 장점을 더욱 부각할 수 있다.

대화 속에 단점도 섞어 말하자

이것이 POINT!

어느 정도 단점을 말함으로써 장점을 부각시킬 수 있다.

제3장의 체크리스트

1 영업에서 성과를 내기 위한 커뮤니케이션의 비결은 자신을 보여주는 것이다.

☐ 먼저 자신의 이야기를 꺼내 고객의 경계심을 허물자.

2 눈만 보지 말고 얼굴 전체를 보며 이야기하자.

☐ 얼굴을 관찰하며 말 이상의 정보를 얻자.

3 처음 듣는 사람이라도 알기 쉽게 이야기하자.

☐ 어려운 용어, 외래어 사용은 최소한으로 줄이자.

4 고객의 요청을 복창하면 고객은 안심한다.

☐ 충분히 이해하였다고 해도 다시 한 번 말하도록 하자.

5 실적이 좋은 영업사원은 적극적으로 듣는 자세가 몸에 배어 있다.

☐ 다소 과장된 리액션을 하는 것을 마음에 새겨두자.

6 피했으면 하는 것, 하지 말았으면 하는 것을 물어보자.

☐ 고객이 피했으면 하는 것, 하지 말았으면 하는 것은 목록으로 만들어 두자.

7 상품 구입 후의 미래를 이야기하며 긍정적인 방향으로 질문하자.

☐ 긍정적인 질문으로 고객의 구매 의욕을 끌어올리자.

8 실적을 내는 사람은 이야기의 구조화를 잘한다.

☐ 영업 멘트를 가까운 사람에게 확인해 보자.

9 경계심이 강한 고객은 '영업에 넘어가고 싶지 않다'고 생각한다.

☐ 고객이 '아직 먼 미래의 일'이라고 말해도 포기하지 말자.

10 잘나가는 영업사원은 상품의 단점도 말한다.

☐ 장점만 말하지 말고 단점도 말하자.

영업력을 단련하는 연습 No.3

Q 고객과 상담을 하고 있다. 고객의 요구사항을 듣기 위해 몇 가지 질문을 하려고 한다. 올바른 질문에 O, 잘못된 질문에 X표 하라.

- ☐ 가격이 좀 비싼가요?
- ☐ 필요한 것만 질문해도 될까요?
- ☐ 자녀분은 계신가요?

정답은 다음 페이지에 ▶

A

✕ 가격이 좀 비싼가요?

해설 영업에서 "가격이 좀 비싼가요?" 등과 같은 질문을 들으면 대부분의 고객은 "네, 조금 비싼 편이네요"라고 대답한다. 그러면 가격을 깎을 수밖에 없다. 이처럼 불리한 질문은 최대한 피해야 한다.

○ 필요한 것만 질문해도 될까요?

해설 이것은 매우 효과적인 방식이다.
'필요한 것만'이란 말을 들으면 고객은 '필요한 것이니까 솔직하게 말하자'는 생각을 하게 된다. 이 한마디를 덧붙이는 것만으로 정확한 정보를 들을 수 있다.

✕ 자녀분은 계신가요?

해설 가족 구성원을 물을 때 이와 같은 질문을 하는 영업사원이 있다. 고객 중에는 자녀가 없는 사람도 있으며, 이를 신경 쓰는 사람도 있다.
아이의 숫자가 아니라 "가족은 몇 명이나 되시나요?"라고 묻는 것이 무난하다.
잘나가는 영업사원은 이렇게 세심한 부분까지 신경 쓴다.

최고의 성과를 내는 상담기술

❖상담은 다방면의 '준비'로 승부가 난다.

이런 영업사원이 되지 않기 위해서 GO!

26 상담은 고객의 '불안'을 찾아내는 것부터

유능한 영업사원은 일단 '고객이 가지고 있는 불안'을 먼저 묻는다.

예를 들어, 금액을 걱정하는 고객이 있다고 하자. 이런 사람은 보통 금액과 관련된 이야기는 가능하면 나중에 하고 싶어 하지만, "가장 걱정하시는 금액과 관련해 질문이 있으신가요?" 하고 오히려 먼저 질문을 한다.

고객의 불안감을 해소하고 난 후 상세한 설명을 하는 것이 서로 스트레스 없이 이야기를 진행할 수 있다는 것을 알기 때문이다.

한편, 실적이 저조한 영업사원은 "먼저 여기를 보십시오. 이 상품의 기능은…"이라며 상품 설명에 들어간다. 영업사원 입장에서 상품에 대해 보다 자세히 알고 나서 금액을 말하는 것이 좋다고 생각하는 마음은 이해한다.

그러나 불안이나 신경 쓰이는 부분을 해결하지 않고 이야기를 진행한다면 고객은 상품에 대한 설명이 귀에 잘 들어오지 않을 것이다.

이야기를 들으며 '설명은 됐고, 빨리 금액을 알려주었으면' 하고 생각한다. 그 시간이 길면 길수록 초조해하는 것이다.

또 연수할 때 만난 실적이 좋은 영업사원은 회사의 이미지에 대해 좋지 않은 부분부터 먼저 말한다는 이야기를 했다. 그 회사는 '상품은 훌륭한데 비싸다'는 이미지가 있었다. 그 부정적인 이미지를 말할 수 있을 때 비로소 영업이 시작된다고 말한다.

상담을 잘 진행하는 사람은

[불안을 전부 듣는다] → [해결을 위한 제안을 한다]와 같은 순서로 이야기를 구조화한다.

먼저 고객의 마음에 있는 불안을 해소한다.

상담을 좀처럼 진행하기 어려운 고객에게 꼭 한 번 사용해 보기 바란다.

고객이 가장 불안해하는 것부터 대답하는 것이 중요하다

고객이 느끼는 불안을 제거하는 것에 전념한다.

이것이 POINT!

먼저 고객이 걱정하는 점이 무엇인지 알게 되면 상담은 원활하게 진행된다.

27 고객들이 '자주 하는 질문'에 대한 답변을 준비하고 있는가

유료 스터디 모임에 참여하기 위해 알아보던 때의 일이다.

이 업계에는 대기업 두 개가 있는데, 홈페이지를 보고 느낌으로 A사에 자료 요청을 해 보았다. 며칠 후, 전화가 걸려 왔다. 이야기를 듣고 납득하며 마지막에 "사실은 귀사와 B사 사이에서 고민했습니다. 귀사와 B사의 차별점은 무엇일까요?" 하고 질문을 해 보았다.

그러자 담당자는 그다지 큰 차이는 없고 기호에 따라서 선택하면 된다고 대답했다. 솔직해서 좋은 것 같지만, 당연히 나는 "우리 제품은 ○○면에서 B사의 제품보다 훌륭합니다"라는 답변을 듣기 원했다. 거의 A사로 마음이 기울었는데, 이 한마디에 마음이 흔들려 B사의 이야기를 들어 보기로 했다. 결국 나중에 이야기를 들은 B사에서 구입하기로 결정했다. 이는 매우 안타까운 일이다.

이는 나뿐만 아니라 다른 고객들로부터도 자주 듣는 질문일 것이다. 그렇다면 자주 하는 질문에 대해 제대로 된 답변을 준비해 두는 것이 중요하다. **준비만 해두면 계약을 눈앞에서 놓치는 일은 없을 것이기 때문**이다. 나는 건축회사에서 근무했다. 고객들은 종종 목조주택과 비교해 어떤 점이 좋은지에 대해 질문하곤 했다. 실적이 저조한 시절 나는 질문에 대한 명확한 답변을 준비하지 못해 "둘 다 좋은 점이 있겠죠"란 애매한 대답을 했다. 그렇게 대답하는 영업사원에게는 상담을 받고 싶은 마음이 들지 않는다. 이 대답으로 다른 곳으로 마음을 돌린 것이다.

고객과 이야기를 하다 '또 같은 질문인가'란 생각이 들 때가 있을 것이다. 그에 대한 답변을 확실히 준비해 두기 바란다.

신입 영업사원의 경우 상사나 선배에게 과거 사례를 들어 보는 것이 좋다. 사례가 많이 축적될수록 고객과의 상담에 자신이 생길 것이다.

자주 하는 질문에 바로 대답하기 위해서

질문에 바로 대답하기 위한 준비

- ☐ 회사와 상품의 정보를 정확히 공부한다.
- ☐ 상사, 선배에게 과거 사례를 묻는다.
- ☐ 고객이 한 질문은 항상 메모해 둔다.

이것이 POINT!

고객이 하는 질문에 대해 바로 대답할 수 있도록 준비하자.

28 전체적인 것을 전달한 후 상세내용으로 넘어가자

신입사원들을 대상으로 판매를 주제로 프레젠테이션 대회를 개최한 적이 있다.

파워포인트로 작성한 사람이 있는가 하면 전지에 써 온 사람도 있었다. 형식은 조금씩 달랐지만, 디들 비슷비슷한 발표를 했다.

판매 경험이 별로 없기 때문에 어쩔 수 없는 부분이었다.

그러나 다른 영업장에서 일하는 후배 A는 조금 달랐다.

큰 전지에 **'판매촉진을 위한 세 가지 포인트'**라고 쓴 자료를 준비했다.

그 페이지를 보면서 먼저 전체적인 것을 전달했다. 짧은 단어로 정리했는데 누구나 관심 있어 하는 항목이었다.

그렇게 전체적인 것을 전달한 후 "그럼 하나하나 자세히 살펴보도록 하겠습니다"라며 상세한 내용으로 들어갔다. 내용은 물론 매우 이해하기 쉬운 구성이었다. A는 신입사원 시절부터 순발력이 좋아 많은 활약을 했다.

이는 고객과의 상담을 구성할 때도 응용할 수 있다.

고객에 대해 "오늘은 자금계획에 대해 이야기를 드릴 텐데, 크게 세 가지 포인트가 있습니다"라고 말하며 전체적인 것을 전달한다. 그 후 "그럼 첫 번째 포인트에 대해 구체적으로 설명 드리겠습니다"로 넘어가면 된다.

이 순서로 설명을 하면 고객은 지금 어디의 무엇을 설명하고 있는지 보다 이해하기 쉬워진다.

나아가 자신도 이야기를 잘 따라가며 들을 수 있다. 간단하면서도 상당히 실용적인 방법이다. 이야기의 순서가 뒤죽박죽되어 '도대체 지금 어디를 이야기하고 있는 거야'라는 상황도 없앨 수 있다. 이 방법은 고객에게도 자신에게도 모두 좋다. 고객에게 설명을 할 때의 기본은 '전체적인 것을 전달하고 구체적인 내용으로 들어갈 것'이다. 기억하기 바란다.

상담의 달인이 애용하는 '세 가지 포인트'

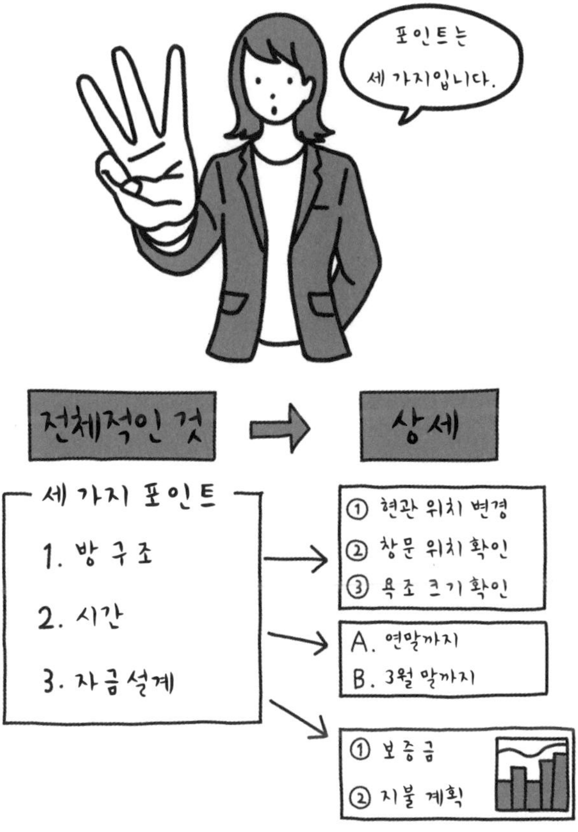

장점

고객 ▶ 이야기의 윤곽을 확실히 알 수 있다.
나 ▶ 이야기가 딴 곳으로 새지 않는다.

이것이 POINT!

먼저 전체적인 것을 '세 가지 포인트'로 제시하면 순조롭게 설명할 수 있다.

29

상담은 종료시간을 정해 두고 시작할 것

실적이 저조한 영업사원에서 잘나가는 영업사원이 되었을 때의 일이다.

약속이 많아지는 것은 기쁜 일이지만 너무 바빠서 시간이 부족하다. 고객과의 상담은 물론 계약 후 고객관리를 위한 만남으로도 많은 시간이 들었다. 하루에 대여섯 건 정도 일정을 채워 넣었다. 그때는 예정시간을 넘어서 다음에 만나기로 한 고객과 약속을 미루어야 하는 경우도 있었다.

시간에 맞춰 와서 기다리는 고객을 기다리게 하는 것은 괴로운 일이다.

그렇다고 고객과 대화를 나누는 중에 "그런 건 그다지 중요하지 않으니까 고민하시지 말고 얼른 결정하시죠"라고 할 수는 없는 노릇이었다. 시간에 쫓기며 하는 상담이나 회의에서는 실수가 많았다. 고객은 물론 자신에게도 좋지 않았다.

그래서 나는 "오늘은 지금부터 2시 30분까지 90분 동안 ○○건에 관련된 회의를 하도록 하겠습니다"라며 종료시간을 정하고 시작했다. 단지 그것만으로 지금까지와는 상황이 전혀 달라졌다. 지금까지는 '이것도 아니고, 저것도 아니고'라며 주저하고, 하나의 옵션을 결정하는 데 30분 이상 걸리는 경우도 있었다.

그러나 **끝나는 시간을 정해 놓음으로써 지금까지 낭비했던 시간을 크게 줄일 수 있었다.** 서로 짧은 시간 동안 지금까지와 비교해 몇 배나 유익한 회의를 할 수 있었다. 시간은 한정된 것이다. 시간을 한정하면 집중력이 높아지는 법이다.

실적이 좋은 영업사원은 시간의 소중함을 매우 잘 이해하고 있다.

자신의 시간뿐 아니라 고객의 시간을 빼앗지 않기 위해서라도 끝날 시간을 사전에 확실히 정해 두고 회의를 시작하도록 하자.

시간을 정해 두면 집중력이 향상된다

이것이 POINT!

종료시간을 정해 두고 내실 있는 상담을 진행하자.

30 우유부단한 고객과 상담하는 법

항상 실적이 좋았던 선배는 언제나 하나의 플랜을 가지고 승부하는 스타일이었다. 일반적인 영업사원은 3~4개의 복잡한 플랜을 준비한다.

제대로 고객의 요청에 귀 기울였기에 플랜 하나만 가지고도 승부수를 띄울 수 있었던 것이다. 선배는 여러 가지 플랜을 작성하는 내 모습을 보고 "그렇게 낭비할 시간이 있으면 다른 고객을 더 확보하는 게 나을 텐데"라고 말하곤 했다.

그러나 그렇게 말하던 선배가 어느 날 두 가지 플랜을 작성하고 있는 모습을 보았다. 나는 "어, 선배님이 플랜을 두 가지나 작성하다니, 해가 서쪽에서 뜨겠네요"라고 말했다.

그러자 선배는 "이 고객은 우유부단한 분이기 때문에 두 개를 준비해서 선택하도록 해야지 안 그러면 안 된다"고 했다. 선배는 '고객의 요구사항을 제대로 듣고 한 번에 결정하게 하자'는 영업 스타일을 고수하는 사람이었으나 고객에 따라서 자신의 생각을 바꿀 수 있는 유연성도 지니고 있었다. 그렇기 때문에 좋은 실적을 계속 유지할 수 있었던 것이다.

분명 우유부단한 고객에게 한 가지 플랜만 가지고 영업을 하려는 것은 좋은 생각이 아니다. 나도 자주 겪는 일이지만 고객의 요구사항대로 제안을 해도 "음, 좋기는 한데…"라고만 말할 뿐 확실하게 대답하지 않는다. 상담을 계속 진행해도 좀처럼 잘 진행되지 않는다. 이때 '버리는 카드'를 준비해 "이 두 가지 플랜 중에 선택하시면 어떠실까요?"라고 선택지를 주는 것이다.

고객은 **'자신이 스스로 판단하여 결정했다'는 자기암시 효과를 느끼게 되고, 대화는 순조롭게 진행된다.** 우유부단한 고객을 대할 때에는 일부러 버리는 카드를 하나 준비해 가라. 그 카드가 있음으로써 더 빨리 이야기를 진행할 수 있을 것이다.

우유부단한 고객에게 '두 가지 플랜'이 좋은 이유

- 선택지가 하나라고 정해 두지 말자.
- 버리는 플랜을 만들면 진짜 플랜이 빛난다.

이것이 POINT!

좀처럼 이야기가 진행되지 않는 고객에게는 일부러 버리는 플랜을 준비해 상담에 임하자.

31 공감의 유무가 성공과 실패를 판가름한다

내가 실적이 좋지 않았을 때의 일이다. 실적이 일정 기준에 미달되면 연구센터에서 호출을 받게 된다. 당시 호출을 받은 나는 풀이 죽었는데, 지금 생각해 보면 공짜로 연수를 받을 수 있으니 정말 좋은 기회였다고 생각한다.

그 당시 한 강사가 나와 "저는 한 번도 할당된 분량을 채우지 못한 적이 없었습니다!"라고 딱 잘라 말했다.

그 순간, '이런 사람이 나처럼 실적이 안 좋은 사람의 기분을 알기나 할까'라는 불신이 들었다. 그런 생각이 들자 그 후로 강사의 말이 제대로 귀에 들어오지 않았다. **첫 만남에서 가장 중요한 것은 분명 '경계심 없애기' 그리고 '공감 얻기'**이다.

이러한 경우라면 "저도 실적이 좋지 않았을 때가 있었는데요"라는 한마디를 덧붙인다면 전혀 인상이 달라졌을 것이다.

그 강사는 고객의 마음을 사로잡아 항상 목표 실적을 달성했을지 모르지만 '나의 기분'을 헤아려 주진 못했다.

실적이 좋은 영업사원은 공감의 단계를 반드시 거친다.

한 영업사원과 만났을 때의 일이다. 그 영업사원은 "이 자료를 보고 '진짜일까'라고 생각하시는 분들도 많으신데, 기쿠하라 씨는 어떠신가요?"라고 질문을 했다. 그 한마디로 공감대가 형성되어 그 영업사원의 말을 진지하게 들을 수 있었다. 이처럼 **공감이 생기는 이유는 '자신의 기분을 미리 읽고 말해 주었기 때문'**이라고 생각한다. 공감을 얻지 않고 "그럼 바로 이쪽을 봐주십시오. 이 상품은…"이라며 설명을 시작해 버리면 고객은 틀림없이 한발 물러서게 된다. 불쑥 설명을 시작할 것이 아니라 '이 사람이라면 내 기분을 잘 이해해 줄 것'이라는 인상을 주는 이야기를 준비해 보자.

그 한마디로 상담이 좋은 방향으로 흘러갈 것이다.

공감을 얻지 못하면 상담은 실패한다

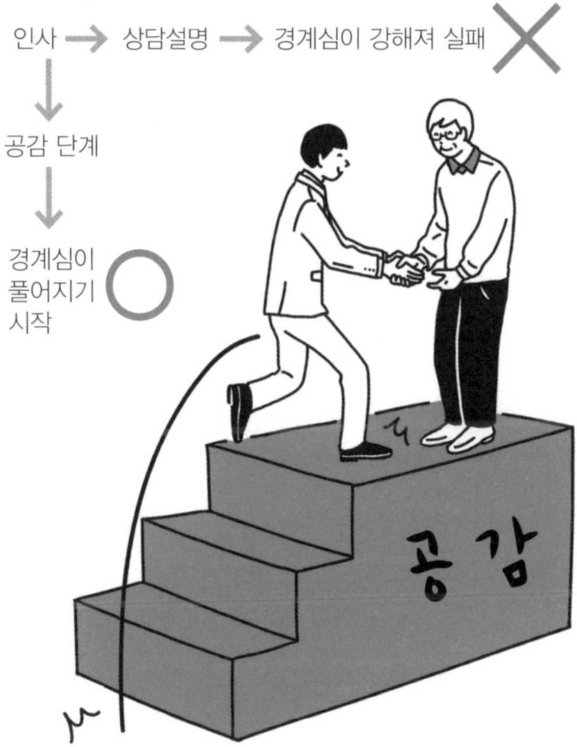

공감을 얻기 위해서는 고객의 기분을 읽어라!

예 ▸ 거절의 말이기도 한 "좀 더 알아보겠다"라는 말을 하기 전에 "더 알아보고 싶어 하시는 분들도 계신데, 고객님도 그러신가요?"라고 먼저 말하기

이것이 POINT!

인사 후에는 공감하는 단계로 넘어가자.

32

실패는 어느 날 갑자기 오는 것이 아니라 반드시 전조가 있다

무언가에 홀렸을 때, 뒤돌아보면 '그 이야기는 좀 이상했다'며 나중에 알아채는 경우가 있지 않은가?

나 또한 몇 번인가 그런 경험을 한 적이 있는데, 이야기를 들을 때에는 분위기에 취해 의외로 눈치채기 어려운 법이다. 비단 이야기뿐만이 아니라, 돌이켜 생각해 보면 '왠지 옷차림이 이상했다'고 뒤늦게 깨닫는 경우도 있다. 대개 이러한 세심한 부분은 속아 넘어간 뒤에 알아채게 된다. 물론 속이려고 한 사람이 나쁜 것은 분명하다. 그러나 속은 쪽도 '사전에 방지'할 수 있는 부분이 있었을 것이다. 언제까지나 분개하고 있다고 해결이 되는 것이 아니다.

그보다 그 경험을 토대로 '이번 건은 좋은 경험이었다. 앞으로는 좀 더 분명히 확인하자'며 교훈을 삼아야 한다. 이는 고객과의 상담에도 대입해 볼 수 있다.

고객과의 상담에서 "이번 건은 죄송하게 됐지만 다른 회사랑 거래하게 되었어요"라고 거절당하는 경우도 있다.

이때 '아이참, 갑자기 그러면 곤란한데'라며 놀라기 쉽지만, 잘 생각해 보면 '그러고 보니 두 번째 상담 때 옆에 앉아 있던 사모님 표정이 달라졌어'라는 생각이 문득 드는 경우도 있는 것이다.

- 눈을 잘 맞추지 않는다.
- 질문이 줄어들었다.
- 약속을 잡기 어려워졌다 등

오늘은 **평소와 조금 달라졌다는 생각이 들었을 때에는, 그냥 넘어가지 말고 불안요소를 잘 들어야 한다.** 갑자기 상담에 실패할 것이 아니라, 변화를 놓치지 않도록 해야 한다. 그러면 승률도 훨씬 올라갈 것이다.

상담 실패의 원인은 어딘가에 분명히 존재한다

하나라도 해당되면 요주의

- ☐ 눈을 맞추지 않는다.
- ☐ 질문이 줄었다.
- ☐ 약속을 잡기 어려워진다.

이것이 POINT!

안테나를 세워 고객의 변화를 놓치지 않도록 하자.

33 견적서는 투스텝으로 작성하라

상담을 하는 영업사원들로부터 종종 "고객이 금액을 제시하는 순간 상담이 흐지부지된다"는 고민을 듣곤 한다.

금액의 숫자보다 이야기가 흐지부지 끝나는 경우가 많다.

고객에 따라서는 금액을 제시해도 "뭐, 대충 그 정도 된다고 생각하면 되겠네요"라고 말하는 경우도 있다.

하지만 놀라며 "네? 그렇게 비싸요?"라며 바로 뒷걸음질치는 경우도 적지 않다.

상담을 거듭하고, 시간과 노력을 들인 고객에게 견적서를 내놓은 순간 이야기가 흐지부지 끝나 버리는 것은 매우 안타까운 일이다.

이와 같은 고민을 가진 영업사원들에게 "견적은 투스텝으로 내놓아라"라고 조언하고 있다.

먼저 **첫 번째는 고객의 요구사항을 듣고 첫 번째 제안서**(디딤돌)**를 내놓았을 때 대략적인 금액을 전달한다.**

내 경우 용지 한 장에 최소한의 항목만 쓰고 "매달 지불하는 금액이 6~7만 엔 사이가 될 것 같습니다"라고 대략적으로 설명한다.

이 단계에서 고객은 '그 정도면 지불할 만한데'라며 안심하게 된다.

이 시점에서 고객이 난색을 표한다면 금액을 수정한다.

그리고 상담을 계속 이어가다 마지막에 상세견적을 보여준다.

충격흡수제를 놓아두었으니 "뭐가 이렇게 비싸!"라며 놀라지 않는다. 한번 견적서를 받아 보았기 때문에 최종적으로 마지막에 명세서를 제출하기 쉬워진다.

마지막에 견적서를 불쑥 내밀지 말고 투스텝으로 제출해 보면 어떨까?

첫 번째는 디딤돌 → 두 번째에 견적명세서

일단 대략적인 견적을 뽑아 제시한 후 고객의 반응을 살펴보자.

34 마무리 멘트를 위한 필살기는 존재하지 않는다

많은 영업사원들이 '마무리(계약 체결)가 어렵다'는 고민을 하곤 한다.

마무리가 어렵다는 사람은 마무리 상황에서 사용하는 대화 필살기를 만들어 두려고 한다.

유감스럽게도 그런 대화 필살기는 존재하지 않는다.

당신이 상품을 구입한다고 가정해 보자.

영업사원에게 "지금 사지 않으면 후회하실 겁니다!"라는 마무리 멘트를 듣고 물건을 구입하겠는가?

그렇지 않을 것이다.

담당자와 대화를 하면서 '이 사람이라면 괜찮겠다'는 생각이 들어 계약을 하는 것에 안심을 느끼며 스스로 결정했다는 느낌을 주어야 한다. 마무리 멘트보다 고객과의 관계 구축에 더 신경 쓰는 것이 좋다.

기본적인 상식을 바탕으로 하여 마무리 멘트 하나를 소개하겠다.

상담이 진행되어, 이윽고 계약에 이른 고객에 대해 **"앞으로 있을 상세한 내용에 대한 회의는 계약이 끝난 후에 진행됩니다. 그대로 진행해도 될까요?"라며 고객의 의사를 타진한다.**

고객이 받아들이면, 가능한 한 가까운 시일 내에 계약 날짜를 정하고 계약 절차를 진행한다.

이런 방식을 사용하면 거절을 한다고 해도 다시 시작할 수 있다.

고객이 "가격 때문에 아직 망설여져서요"라고 말한다고 해도 "그러면 가격에 대해서 좀 더 이야기해 드리겠습니다"라며 자연스럽게 상담으로 돌아간다. "계약해 주십시오!"라며 결정을 재촉했는데 거절당하면 그대로 끝이다. 꼭 이 마무리 멘트를 사용해 보기를 추천한다.

'확답을 강요'해서는 고객을 사로잡을 수 없다

결론을 독촉하는 것은 피한다.

'NO'라는 답을 들었더라도 다시 시작할 여지를 남겨두도록!

이것이 POINT!

마무리 멘트는 여지를 남겨놓는 말로 하자.

'구입 후'를 생각하는 것이 진정한 영업

실적이 좋지 않은 영업사원은 고객에게 물건 구입을 이끌어내기 위한 제안을 하려고 한다.

언뜻 친절해 보일지 모르나, 구입 후의 일은 생각하지 않고 '일단 지금 바로 구입하는 고객이 우선'이라고 생각하기 쉽다.

내가 저질렀던 큰 실수 하나를 소개해 보겠다.

고객과의 상담이 마무리되고, 무사히 주택을 인도했을 때의 일이다.

당시 나는 고객에게 "정말 감사합니다"라는 말만 하고 떠났다.

그러나 주택을 인도하고 한 달 정도가 지났을 무렵, 옆집과 다툼이 있었다는 이야기를 들었다. 에어컨 실외기의 바람이 옆집 나무를 말라 죽게 한다거나, 하수도 위치가 문제가 된 것이다. 그래서 결국 고객은 다시 비용을 지불하여, 실외기와 하수도를 재설치하는 공사를 해야 했다.

이 일로 고객의 나에 대한 신뢰는 순식간에 떨어졌다. 결과적으로 고객에게 손실을 입혔으므로 당연한 일이었다.

원래 고객이 우리가 만든 집에서 살았을 때의 일까지도 충분히 고려했어야 한다. 나는 계약을 따내겠다는 생각이 앞서서 예산만 생각했던 것이다. 즉, '고객이 계약을 할지 여부'만 고려해서 제안한 것이다.

이러한 제안은 시간이 지남에 따라 그 실체가 드러난다.

실적이 좋은 영업사원은 고객이 상품을 구입할지 여부보다 구입 후 생길 곤란한 상황을 미리 고려해서 제안한다.

이러한 마인드를 가진 영업사원은 언제까지나 신뢰를 받고, 누구나 찾게 된다.

고객의 미래를 상상해 보는 것이 중요하다

이것이 POINT!

상품이 고객에게 건네진 후 어떻게 될지까지 생각하자.

제4장의 체크리스트

1 고객이 망설이는 부분을 제거하면 상담은 일사천리로 진행된다.

□ 고객이 불안해하는 부분부터 설명하자.

2 고객이 하는 질문에 정확한 대답을 준비하자.

□ 자주 묻는 질문 목록을 작성하자.

3 고객이 알기 쉽게 설명하자.

□ '포인트는 세 가지'와 같이 전체적인 내용을 먼저 전달하자.

4 끝나는 시간을 정하면 상담을 효율적으로 진행할 수 있다.

□ 끝나는 시간을 정해 두고 이야기를 시작하자.

5 고객이 스스로 선택하면 이야기는 일사천리!

□ 비교를 위한 플랜을 하나 더 준비하자.

6 첫 만남에서 가장 중요한 것은 경계심을 낮추고 공감해 주는 것이다.

□ 본론으로 들어가기 전에 상대와의 거리를 좁히자.

7 상담에 실패했다면 반드시 이유가 있다.

□ 고객의 언동이 달라졌다면 질문을 하라.

8 견적은 투스텝으로 준비하라.

□ 충격완화를 하고 견적을 제시하라.

9 마무리에 대화 필살기는 필요없다.

□ 대화 필살기는 사용하지 않고 다시 앞으로 돌아갈 수 있는 여지를 남길 수 있도록 진행한다.

10 실적이 좋은 영업사원은 고객이 물건을 구입한 후를 생각한다.

□ 고객이 상품을 구입하고 몇 년 후까지를 생각해서 제안한다.

영업력을 단련하는 연습 No.4

Q 단골 고객에게 새로운 고객을 소개받고, 바로 약속을 잡고 만나기로 했다. 이 고객과 이야기를 할 때, 어떤 방법으로 해야 좋을까?

A 간단히 인사를 나눈 후 "그럼 바로 이쪽을 봐주세요"라며 상품 설명을 시작한다.

B 상품 설명 전에 "저희 상품 A에 대해 궁금하신 점은 없으신가요?" 하고 질문한다.

정답은 다음 페이지에 ▶

A

정답은 B

해설 A처럼 상담을 진행하는 영업사원이 매우 많은데, 영업사원의 일방적인 설명을 들으면 고객의 경계심이 강해진다.

아무리 잘 설명을 한다고 해도 말이다.

그러지 말고, 일단 먼저 고객에게 질문하는 방법을 추천한다.

고객은 상품에 대해 질문을 하라고 하면 아는 범위 내에서 한다.

얼굴을 보면서 껄끄러운 말을 하는 고객은 얼마 없으며, "인터넷으로 알아보니 평판도 좋네요"라며 좋은 말을 해줄 가능성이 높다.

이처럼 고객 스스로 상품을 칭찬하면, 자기설득효과가 작동하여 이야기가 좋은 방향으로 흘러간다.

가령 모른다고 대답한 경우에도 걱정할 필요는 없다.

이번에야말로 주눅들지 말고 당당하게 설명을 하면 된다.

전화 · 메일 · 편지 · SNS를 최대한 활용하라!

❖상대방에게 실례가 되는 연락 수단은 피하도록 하자!

이런 영업사원이 되지 않기 위해서 GO!

36 한 톤 높은 '밝은 목소리'가 가져오는 효과

많은 사람들이 전화응대에 어려움을 겪는다.

하지만 전화응대는 생각보다 그렇게 어려운 것이 아니다. 먼저 전화응대에는 일정한 대화 패턴이 존재하는데 이를 기억해 두면 된다.

신입사원의 경우 전화를 받아도 횡설수설하는 경우가 있다. 나 또한 처음부터 전화응대에 능했던 것은 아니었다.

이대로 안 되겠다고 생각한 나는, 그후 전화를 받을 때의 대사를 종이에 적어두고 차 안에서 '전화 주셔서 감사합니다. ○○ 홈의 기쿠하라입니다'라고 연습했다. 바보 같아 보일지도 모르겠으나, 이 연습으로 상당한 효과를 보았으며, 말이 술술 나오게 되었다.

전화응대는 매번 같은 말을 하고, 다른 사람에게 연결해 주고, 부재중이면 메모를 남기는 단조로운 패턴의 작업이다. 불만 처리 외에는 그렇게 어렵지 않다. 이 사실을 깨닫는 것만으로도 자신감이 생기고, 목소리에 힘이 붙게 되었다. **전화의 경우 얼굴이 보이지 않기 때문에 목소리 요소가 매우 중요**하다. 경쾌한 목소리로 전화를 받는 것만으로 호감을 살 수 있다. 전화로 영업을 할 때도 마찬가지다.

전화를 받을 때에는 한 톤 높은 밝은 목소리로 말하려고 노력했다. 전화를 걸 때는 물론 상대방이 전화를 걸어왔을 때에는 "○○ 씨, 항상 신세 많이 지고 있습니다"라며 경쾌하게 고객의 이름을 불렀다. 때로는 "그 목소리를 들으니 불만을 말할 생각이 없어졌어요"라는 고객이 있었을 정도였다. 만약 우울한 목소리로 "여보세요"라고 했다면 상황은 완전히 달라졌을 것이다. **우울한 목소리는 심리적으로 상대에게도 우울한 감정을 전가시킨다.** 고객으로부터 전화가 걸려오면 밝은 목소리로 응대한다. 여러 상황에서 긍정적으로 활용될 것이다.

잘나가는 영업사원의 전화응대법

이것이 POINT!

전화를 할 때에는 '한 톤 높은 밝은 목소리'를 의식하자.

37 "알아보고 다시 전화드리겠습니다"는 5분 이내가 베스트

계약을 체결한 고객으로부터 건물의 장비에 대한 확인 전화를 받은 적이 있었다. 책상에 자료가 없었기 때문에 "제가 알아보고 다시 전화드리겠습니다"라고 말하고 전화를 끊었다. 때마침 다른 업무를 하고 있었기 때문에 중간에 그만두고 싶지 않았다. 전화 목소리를 들으니 '급한 건 아닌 것 같으니'라고 마음대로 판단하고, 전화를 미뤄 두었다.

그 안일한 생각이 문제가 되었다.

한 시간 후에 전화를 했던 고객으로부터 "좀 전에 말한 건은 어떻게 되었나요?"라고 재촉하는 전화가 온 것이다. 나는 "죄송합니다. 지금 바로 알아보겠습니다"라고 대답했고, 그러자 고객은 크게 화를 내며 "됐어요. 됐어!"라며 전화를 끊었다.

아마도 고객은 '간단한 문의니까 바로 전화가 올 것'이라 생각하고 기다리고 있었을 것이다. 전화를 한 지 한 시간이 지나도 아무런 말이 없으니, 화를 내는 것도 당연하다. 그 후 신뢰관계를 회복하기 위해 상당한 시간과 노력이 들었음은 말할 필요도 없을 것이다.

그 당시 나는 **'이미 계약을 한 고객이니 괜찮다'고 방심했다.** 만약 아직 계약을 하지 않은 고객이 문의한 것이었다면, 하고 있던 일을 즉시 그만두고 5분 내로 연락을 했을 것이다. "알아보고 다시 전화드리겠습니다"라고 말한 경우에는 5분 이내에 전화를 해야 한다. 그 이상 시간이 걸리면 "조금 시간이 걸릴 것 같은데, ○시에 다시 전화를 드리겠습니다"라고 미리 양해를 구하는 것이 좋다.

'금방'이나 '나중에'와 같이 애매한 대답은 곤란하다. 이러한 배려를 할 수 있는 사람이 성과를 낸다. 단지 한마디 덧붙였을 뿐인데, 고객을 안절부절못하게 만들지 않는다.

'회신은 신속하게'를 명심하자

알아보고 다시 전화를 할 경우에는 '5분 이내'에 하도록 하자. '금방', '나중에'와 같은 말은 되도록 피하자.

전화가 온 시간, 고객의 회사명, 이름, 전화번호는 확실히 기억해 둘 것

이것이 POINT!

알아보고 다시 전화하겠다고 하였을 경우 5분 내로 하고, 시간이 걸린다면 회신 시간을 미리 알려주자.

38 문의한 상품이 없을 때, 다른 대안은 있는가

인터넷으로 상품을 찾고 있을 때의 일이다.

구입 절차를 진행하려고 하자, 마지막에 재고가 없다는 메시지가 떴다. 꼭 갖고 싶던 상품이어서 메일로 판매처에 문의를 했다. 이러한 경우, 상당한 시간이 걸리는데 이 회사는 30분이 채 지나지 않아 '이 상품은 ○○ 부분을 확보하기 어려워 생산이 중단된 상태입니다'라는 답변이 돌아왔다. 완벽한 응대에 좋은 인상을 갖게 되었다.

하지만 매우 안타깝다고 느낀 부분이 있었다. 가령 그 메일에 'A상품은 구입이 불가능하지만, 이와 유사한 B상품이 있습니다. 괜찮으시면 검토해 주시기 바랍니다' 등의 추가 문구가 쓰여 있었다면, 아마도 그 상품을 구매할 확률이 높았을 것이다.

만약 **문의한 상품이 없을 경우에도 다른 상품을 제안해 고객을 놓치지 않았으면 한다.**

개인적으로 업무의 기준으로 삼는 것이 있는데, 고객이 문의한 것은 어떻게든 협력을 하려고 한다. 이전에 지인인 편집자로부터 내 능력 밖의 (경제학에 대한) 원고를 써 달라고 의뢰받은 적이 있었다.

예상대로 상당히 어려운 분야였기에 거절하였으나, 생각해서 권유해 주었는데 단칼에 거절한다는 것이 미안했다. 그래서 "경제학에 대해서는 쓸 수 없지만, '영업에 필요한 경제 지식'이라면 한번 해보겠습니다"라고 제안했다. 편집자는 나의 제안을 받아들였다. 만약 단칼에 거절했다면, 그 일은 물론 그 후에 내게 의뢰를 하는 일도 없었을 것이다.

고객으로부터의 문의는 기회이다. 대처가 어려운 일이 있더라도 '무슨 수가 있을지도 모른다'는 생각으로 응대해 보기 바란다.

준비성이 철저한 영업사원이 되자

문의한 상품이 없을 경우

- 신속하게 대답한다.
- 비슷한 상품을 제안한다.
- 다른 추천 상품을 제안해 본다.

※제안하기 전에 '실례가 되지 않는다면', '괜찮다면'과 같은 쿠션 멘트를 첨가해 보자.

이것이 POINT!

플러스알파가 되는 한마디로 기회를 잡아 보자.

39

상대방이 전화를 받지 않은 후 방치하는 것은 금물

연수를 받기 위해 전철로 이동을 하던 중의 일이다.

핸드폰으로 전화가 걸려왔으나 전철 안이었기 때문에 받을 수 없었다.

강사분들이라면 공감하실 텐데, 이처럼 연수 중이나 이동 중에 자주 전화가 오곤 한다.

핸드폰에 뜬 이름을 보며 '무슨 용건의 전화였을까'라고 생각하고 있던 중에 문자로 '연수 일정 변경 건으로 전화드렸습니다. 자세한 사항을 메일로 보내 드리겠습니다'라는 내용의 메시지가 도착했다.

전화를 한 후 바로 메시지를 보낸 것을 보고 '상대를 배려할 줄 아는 사람이구나'라는 생각이 들었다.

이렇게 상대를 배려하는 사람은 의외로 많지 않으며, **실제로는 메시지를 남기지 않는 사람들이 훨씬 많다.**

등록되지 않은 번호일 때는 더욱 곤란하다.

부재중 전화를 보고 나중에 다시 전화를 걸어도 받지 않는 경우도 많으며, 회사에 "한 시간 정도 전에 전화 주셔서요"라고 전화를 해도 다른 사람이 받아 "잘 모르겠네요"라고 차갑게 끊어 버리는 경우도 있다.

분명한 용건을 알 수 없는 부재중 전화는 개운치 않은 느낌을 준다.

자신이 만약 그런 일을 겪게 된다면 화가 날 것이다.

메시지를 남기지 않으면 무슨 용건 때문에 전화를 했는지 신경 쓰인다.

간단해도 상관없으니, 음성메시지를 남기거나 문자로 메시지를 보내기 바란다.

음성사서함 or 메시지를 보내는 것을 잊지 말자

자신에게는 사소한 것이라도 상대방이 불안해하는 것

음성사서함 또는 메일로 용건을 남기자.

전화통을 붙들고 있는 것은 피하자.

40 상대방을 배려하지 않고 전화하는 영업사원은 환영받지 못한다

투자회사의 담당 영업사원 A에 대한 이야기이다.

A씨는 항상 월요일에 내게 전화를 했다.

하지만 나는 월요일에 대학에서 수업을 받기 때문에 좀처럼 전화를 받기 힘들었다. 가끔 전화를 받게 되면 "월요일은 대학에서 수업을 들으니까 다른 요일에 전화해 주세요"라고 했고, A씨는 "알겠습니다. 앞으로 주의하겠습니다"라고 말했다.

하지만 다음에 그가 전화를 걸어온 날도 월요일이었다.

그 부재중 목록을 보고 '잊어버렸나' 하는 생각에 마음속에서 실망감이 들었다. A씨 외에도 전화를 거는 방식 때문에 스스로 기회를 놓치는 영업사원이 적지 않다.

조금만 상대의 입장을 배려하면 알 수 있는 '알기 쉬운 실수'를 하는 사람들이 상당히 많다.

'이 시간에 전화를?' 하며 고개를 갸웃거릴 만한 시간에 전화를 하는 영업사원은 심지어 음성메시지에 용건을 남기지 않는다.

남긴다 해도 '다시 전화드리겠습니다'라고만 하는 경우가 대부분이다. 게다가 '다시 걸겠다'고 말해 놓고 다시 걸지 않는다.

이처럼 약속을 지키지 않는 것도 신뢰감을 잃게 한다. 이러한 행동 패턴을 가진 영업사원은 전화 약속을 하면 할수록 실적이 떨어진다.

기본적으로 **전화를 할 것이라면 상대방의 상황을 고려한 시간대에 하기 바란다. 상대가 귀중한 시간을 내주고 있음을 의식하면서 말이다.**

전화 약속은 그 방식에 따라 좋은 효과를 내는 경우도 있다.

꼭 해야 한다면 좋은 결과를 낼 수 있도록 신중히 생각하고 행동하자.

전화와 관련된 실수로 기회를 놓치는 영업사원이 많다

- 상대방이 편한 시간을 파악해 두자.
- 전화를 받지 않으면 메시지를 남기자.

이것이 POINT!

상대방이 편한 시간대에 전화하도록 하자.

'3초면 이해할 수 있는 자료'인가

만약 당신이 고객에게 상품정보가 담긴 자료를 직접 보낸다고 가정해 보자.

그때 '이왕 보내는 거 여러 가지 정보를 보내자'는 마음에 많은 자료를 꾸역꾸역 넣지는 않았는가?

사실 이는 역효과를 불러온다. 바쁜 와중에 빽빽하게 글씨가 적힌 자료는 눈에 들어오지 않는다.

경쟁자는 타사의 영업사원이 보낸 자료뿐이라고 생각해서는 안 된다. SNS, 인터넷, 게임, 책, 가족과의 시간 등 적은 사방에 도사리고 있다.

다른 즐거운 선택지가 많은 가운데 글자가 빽빽하게 쓰여 있는 자료를 받는다면 어떨까?

분명 그것을 제대로 읽는 고객은 거의 없다는 사실은 불 보듯 뻔한 일이다.

고객은 자료를 보고 3초 안에 '필요한지, 필요없는지'를 판단한다.

일단 마지막까지 다 읽고 나서 필요한지 여부를 판단하는 사람은 없다.

나 또한 지금까지 많은 자료를 만들었다. 자료 작성에서 가장 조심하는 것은 **'고객이 열어 보고 3초 만에 무슨 내용이 쓰여 있는지 알게 만들 것'**이었다.

이를 위해 그림을 삽입하거나, 표나 수식을 만들어 보는 순간 바로 이해할 수 있도록 하는 데 신경을 썼다.

여러분들이 지금 보낸 자료를 '3초 만에 이해할 수 있을까?'라는 관점에서 다시 한번 체크해 보기 바란다.

이 점을 개선하면 반드시 좋은 반응을 얻게 될 것이다.

좋은 자료는 보는 순간 이해할 수 있다

잘못된 자료 → ● 문자 나열
● 어려운 단어 남용

좋은 자료 → ● 포인트가 눈에 바로 들어온다.
● 표나 그림을 사용한다.

이것이 POINT!

자료를 받아 보았을 때, '3초 만에 이해할 수 있는지'를 체크하자.

42

'영업사원이 보내는 연하장'은 효과가 없다

얼마 전, 건축회사의 사장으로부터 "연하장은 많을 테니 작년부터 크리스마스카드를 보내기로 했다"는 이야기를 들었다.

분명 그쪽이 효과가 있을 것이다.

연하장은 친한 친구나 신세 진 사람들에게 보낸다. 그것도 보통 수백 장을. 경쟁자가 너무 많다.

이런 가운데 그다지 가깝지 않은 영업사원에게 '새해 복 많이 받으세요! 올해는'으로 시작하는 연하장을 받으면 어떨까? 그것을 찬찬히 읽는 고객은 아마 없을 것이다.

'안 보내는 것보다 나으니까' 정도의 효과밖에 되지 않는다. 보내는 쪽도 별 효과를 느끼지 못하므로 열정이 생기지도 않을 것이다. 영업활동을 위해서라고 생각하면, **영업사원이 쓰는 연하장의 비용 대비 효과는 형편없다.**

이러한 점에서 크리스마스카드를 보내는 회사는 거의 없다.

경쟁자가 적은 만큼 고객이 카드를 읽을 확률도 높다.

크리스마스카드 외에도 '생일 카드'나 '이름 유래의 그림엽서' 등을 보내는 것도 효과적이다.

마찬가지로 시간과 노력, 비용을 들일 것이라면 결과를 내는 편이 좋다.

성과를 내는 사람은 경쟁이 치열한 '레드오션'에서 승부를 보려고 하지 않는다.

잘나가는 영업사원은 항상 다른 영업사원이 하지 않는 '블루오션'을 노린다.

발상을 조금 바꾸는 것만으로도 같은 노력을 들여 얻을 수 있는 결과는 몇 배나 달라진다.

업계 최고 영업사원은 '다른 사람이 하지 않는 것'을 노린다

'업계에서 하지 않는 것', '회사에서 하지 않는 것'을 찾아보자.

이것이 POINT!

레드오션이 아니라 블루오션을 노리자.

43 메일로 전달해야 하는 것과 메일로 전달해선 안 되는 것

먼저 메일을 보낼 때의 예절에 대해 말하자면,

- 메일은 제목만 보고 내용을 알 수 있게
- 상대 회사명은 정식 명칭으로 쓸 것
- 상대가 읽기 쉽도록 긴 문장은 지양하고 간결하게 쓸 것
- 서명란에 회사명, 부서, 이름, 주소, 전화번호를 기입할 것

과 같은 기본 중의 기본을 염두에 두어야 한다.

그 다음 실적을 내는 영업사원이 되기 위해서 지켜주었으면 하는 것은 '메일로 보낼 내용'과 '메일로 보내지 않는 편이 좋은 내용'을 아는 것이다. **말로 하기 어려운 것, 부탁하기 어려운 것일수록 직접 만나서, 혹은 전화로 말하는 것이 좋다.**

이는 많은 사람들이 좀처럼 지키지 않는 기본 매너 중 하나라고 생각한다.

예를 들어, 직원에게 '이런 무리한 부탁을 하면 화내려나' 싶은 업무를 부탁해야만 하는 경우도 있다.

이럴 때 '말로 하기 어려우니 메일로 하자'고 생각할 수도 있다. 하지만 메일을 받은 상대는 어떨까?

'이런 곤란한 일을 메일 한 줄로 보내다니'라고 화를 낼 것이다. **고객이라면 중요한 용건을 메일로만 말하는 태도에 환멸을 느낄 것이다.** 이처럼 메일 한 통으로 지금까지 쌓은 신뢰가 한번에 무너지는 경우도 있다. 직접 얼굴을 보고, 혹은 목소리를 들으며 이야기하면 상대도 너그럽게 이해해 줄 것이다.

말하기 어려운 내용일수록 직접 만나서 부탁하고, 상황에 따라서는 전화로 전달하도록 하자.

메일, 전화, 방문을 구별하는 방법

메일은 시간 제약 없이 이력이 남는다.

- 정보를 제공할 때
- 약속, 식사 일정을 전달할 경우
- 리마인드(재확인)가 필요할 경우 등

전화는 바로 용건을 전달할 수 있다.

- 갑작스러운 시간 장소의 변경
- 거리가 먼 곳에서 자세한 이야기를 해야 하는 경우
- 갑작스러운 연기 및 취소 등

방문은 '감정'을 전달하기 가장 좋다.

- 갑작스러운 의뢰를 할 때
- 자세한 뉘앙스를 전달해야 할 때
- 사죄해야 할 경우 등

이것이 POINT!

용건에 따라 연락 수단을 구별하는 것이 중요하다.

44 명함 교환 후 안부 메일로 차별화하자

나는 평소에 연수회나 교류회 등에서 많은 영업사원과 만난다.

그때마다 명함 교환을 하는데 영업사원에게서 메일이 오는 경우는 거의 없다. 연수회에서 만난 영업사원은 백번 양보해 괜찮다고 하더라도, 교류회에 참가하는 사람들은 비즈니스 기회를 위해 시간과 돈을 들여 참가하는 사람들이다. 그런 사람들이 안부 메일을 보내지 않는다는 것은 이해하기 어렵다.

지금까지 많은 모임에 참가했지만, **명함을 교환해도 10퍼센트 남짓의 사람만이 안부 메일을 보냈다.**

이는 안부 메일은 보낸 시점에서 그 외의 많은 사람들보다 조금 차별화할 수 있다는 말이 된다.

게다가 기왕 안부 메일을 보낸다면 조금 더 시간을 들여 정성스럽게 쓴다면 인상에 남을 것이다.

대부분의 사람들은 '일전에는 감사했습니다'와 같은 내용만 쓴다.

메일을 받는 것은 기쁜 일이지만, 인상에 남기는 어렵다.

얼마 전 받고 좋은 인상을 받은 메일에는 '지난번 이야기했던 HP의 주소를 보내드립니다. 참고가 되시기를 바랍니다'라고 쓰여 있었다. **'만났을 당시의 이야기와 관련된 내용이면서 정보제공'을 받아 매우 인상적이었다.**

명함을 교환했다면, 일단 감사의 마음을 담아 메일을 보내자. 그리고 상대에게 도움이 될 만한 정보를 제공한다면 더욱 인상에 남아 다음번 만남으로 이어질 것이다.

꼭 한 단계 위의 안부 메일을 보내기 바란다.

인상이 좋아지는 감사 메일 예문

주식회사 XX
○○님

항상 감사드립니다.
△△입니다.

일전의 모임에 귀중한 시간을 내주셔서 감사합니다.
○○님과 대화하면서 얻은 비즈니스에 관한 조언들, 진심으로 감사드립니다.
앞으로도 잘 부탁드립니다.

확실히 감사의 마음을 전할 것

추신
말씀하신 회사 홈페이지 주소를 보내드립니다.
http://www.
참고하시기 바랍니다.

추신에서 상대에게 도움이 되는 정보를 제공

이것이 POINT!

대화와 관련된 '내용+정보제공'으로 상대에게 좋은 인상을 남기자.

45 이것만은 기억해 두었으면 하는 SNS 예절

예전에 '회사에 대한 불평을 SNS에 올렸다가 낭패를 보았다'는 영업사원이 있었다. 그는 자신의 SNS에서 '이 회사는 생각보다 악덕기업이야'라고 별생각 없이 올렸고, 이를 우연히 상사가 보고 크게 문제가 되었다는 것이다. 결과적으로 회사에서 엄중한 주의 처분을 받게 되었다. 다만 그 정도라면 다행이다. 이보다 더 무서운 경우는 경쟁사에 정보가 흘러가는 것이다.

당신이 모르는 곳에서 경쟁사의 영업사원이 체크를 하고 있는 경우도 있다. 연수에 참가한 한 건축회사의 영업사원이 '재미있는 SNS를 발견했다'며 가르쳐준 적이 있었다. 그가 가르쳐준 것은 경쟁사의 영업사원이 '구조적으로 ○○의 크기의 거실은 취급할 수 없다'고 글을 올린 것이었다. 이러한 정보는 다른 회사의 영업사원 입장에서 매우 고마운 정보다. 그 약점을 잘 이용하면 되기 때문이다. 이 영업사원은 자신도 모르는 사이에 경쟁사에 들켜서는 안 될 정보가 흘러나간 것을 눈치채지 못한 것이다. 그리고 경쟁사뿐 아니라 **'고객들도 보고 있을' 가능성이 있다는 점을 잊어서는 안 된다.**

SNS는 매우 편리한 도구임에는 분명하며, 업무에 사용하지 말라고 하는 것은 아니다. 실제로 SNS를 잘 활용하는 영업사원도 많다. 다만 이러한 사람은 소수다. 그러므로 더욱 기회를 잡을 수 있다.

SNS의 활용에 대해 가볍게 생각하는 사람들이 많은 가운데, SNS 예절을 잘 준수하고 포인트를 잡아 활용한다면, 좋은 결과로 이어질 것이다.

'SNS 때문에 실직', 남의 이야기가 아니다

일본의 SNS 이용자는 7,216만 명에 이른다.
(2017년 10월 기준: 주식회사 ICT 총연조사)

항상 '경쟁사'나 '고객'이
보지 않는지 신경 쓸 것

이것이 POINT!

에티켓을 지키며 SNS를 이용하자.

제5장의 체크리스트

1 경쾌하고 밝은 목소리가 행운을 가져온다.

- [ ] 한 톤 높게 전화를 받아 보자.

2 알아본다면서 상대를 기다리게 하지 말자.

- [ ] 5분 이상 기다리게 해야 하면 예상시간을 전달하자.

3 문의 전화는 기회이다.

- [ ] 고객의 입장에서 이야기하는 내용을 생각하자.

4 전화를 걸어놓고 콜백을 하지 않는 것은 매너 위반이다.

- [ ] 부재중 메시지에 간단하게 연락 사항을 남기자.

5 상대의 입장을 생각해서 전화를 하자.

- [ ] 상대방이 편한 시간을 알아두자.

6 '3초면 이해할 수 있는 자료'를 만들자.

- [ ] 그림이나 표가 있고, 포인트를 준 자료를 만들자.

7 모두가 생각하지 않는 것을 보내보자.

- [ ] 여름 문안인사, 크리스마스카드를 보내보자.

8 용건에 따라 연락 수단을 분류하자.

- [ ] 사죄는 메일로 끝내지 말 것

9 메일 한 통만 보내는 걸로는 부족하다.

- [ ] 안부 메일에 약간의 도움이 될 만한 정보를 추가하자.

10 SNS 사용법에 주의하자.

- [ ] SNS 예절을 지켜 비즈니스에서 활용하자.

영업력을 단련하는 연습 No.5

Q

회사에서의 전화응대 중 올바른 내용에 O, 바르지 않은 것에 X표 하라.

- ☐ 전화벨이 세 번 이상 울리기 전에 받는다.
- ☐ 잘 들리지 않을 때에는 "죄송한데, 전화가 잘 안 들리는 것 같은데요"라고 말한다.
- ☐ 용건이 끝나면 바로 전화를 끊는다.
- ☐ 확실하고 분명한 목소리로 말한다.

정답은 다음 페이지에 ▶

A

○ 전화벨이 세 번 이상 울리기 전에 받는다.

해설 회사로 걸려온 전화는 가능한 한 빨리 받자.
전화벨이 네 번 이상 울릴 경우에는 "기다려주셔서 감사합니다"라고 한마디 덧붙여라.

○ 잘 들리지 않을 때에는 "죄송한데, 전화가 잘 안 들리는 것 같은데요"라고 말한다.

해설 고객에 따라서는 상당히 듣기 어려운 말투를 가진 경우가 있다.
그럴 때에는 "전화가 잘 안 들리는데요"라고 말한다.
그럼 상대방은 천천히 또박또박 말해 줄 것이다.

× 용건이 끝나면 바로 전화를 끊는다.

해설 상대방이 전화를 끊고 나서 수화기를 놓도록 하자.
상대방에게 '찰칵' 하고 전화 끊는 소리가 들리지 않도록 주의한다.

○ 확실하고 분명하게 말한다.

해설 전화를 할 때에는 얼버무리는 말투를 피하고, 간단명료하게 이야기한다.
또 상대가 듣기 쉽도록 확실한 목소리로 말하는 것이 포인트이다.

직장동료를 내 편으로 만드는 대화술

이런 영업사원이 되지 않기 위해서 GO!

평생 도움이 되는

46

성과를 내는 유능한 영업사원은 동료들을 배려한다

30대 A씨는 이직해서 내가 다니던 회사에 들어왔다.

그는 이전에 다른 건축회사에서 근무한 적 있는 경력자였다. 자기만의 스타일을 가지고 있는 듯했고, 영업방법에 대해 묻는 법이 없었다. 묵묵히 업무를 해 나가는 스타일이었다.

그러나 안타깝게 '계약만 따내면 그 후는 어떻게 되든 상관없다'는 태도를 취하며, 동료들과는 출퇴근 인사 정도 외에는 말을 섞지 않았다.

일부러 말을 하지 않으려는 듯 보였다.

나도 친해지려고 시도해 보았지만 영 태도가 바뀌지 않아 좀처럼 거리를 좁히지 못했다.

게다가 계약 건이 달려 있으면 곧잘 동료와 부딪쳤다.

한때 변호사를 지망했다는 사람답게 언변이 좋았다.

종종 직원들을 말로 누르곤 했다.

시간이 지나니 A씨에게 협력을 하는 사람은 단 한 사람도 없었다. 그는 회사 내에서 완전히 고립되었고, 짧은 기간 만에 회사를 그만두었다.

영업의 경우 혼자만의 힘으로 할 수 있는 일은 극히 일부에 불과하다.

좋은 팀워크는 본인 혼자만의 힘보다 훨씬 더 큰 힘을 발휘한다.

오랫동안 활약하는 영업사원은 이 점을 잘 알고 있다.

따라서 **고객과의 관계와 마찬가지로 주변 동료 직원들과의 관계도 소중하게 생각한다.**

'계약만 따내면 다른 건 상관없다'는 태도가 아니라, 적극적으로 동료와 커뮤니케이션을 하도록 한다.

잘나가는 영업사원은 평소에 '배려를 위한' 만반의 준비를 한다

예를 들어

- 손수건은 자신이 쓸 것 한 장, 다른 사람에게 건네줄 것 한 장을 가지고 다닌다.
- 볼펜은 빌려줄 수 있도록 한 자루 더 가지고 다닌다.

이것이 POINT!

주변 사람의 도움 없이는 장기적으로 성과를 지속하기 어렵다.

평생 도움이 되는

47

'해야 할 말을 뒤로 미루는 것'은 백해무익

주택 건축공사 중 고객과 현장에서 회의를 했을 때의 일이다.

고객은 완성된 수납장을 보고 "이건 안 돼요. 조금 더 크게 만들어 주세요" 라고 지적했다.

이 수납상은 현장감독과 나, 고객이 신중하게 협의해서 결정한 것이었다. 게다가 건축기사에게 무리하게 부탁해서 상당한 시간을 들여 만든 것이었다.

그걸 '다시 만들어 달라'고 말하기는 좀처럼 쉬운 일이 아니었다.

고객에게 시간과 비용이 든다는 점을 몇 번이고 설명했으나 "평생에 한 번 하는 건데 절대 양보 못 한다"며 물러서지 않았다. 도저히 이를 현장감독과 기술자에게 말하기 어려워 한동안 비밀로 했다.

'말하기 어렵지만 꼭 해야 하는 것'을 혼자 간직하고 있자니 아무래도 기분이 풀리지 않았다. 그러는 동안 무엇을 해도 즐겁지 않았다. 술을 조금만 마셔도 다음날 컨디션이 좋지 않았고, 무엇을 먹어도 위에 부담이 갔다. 물론 영업활동도 최악이었다.

마음에 여유가 없으니 주변 사람들에게 공격적으로 변하고, 커뮤니케이션도 제대로 할 수 없었다.

뒤로 미룬다고 해도 문제는 해결되지 않았고, 시간이 흐르면 흐를수록 상황은 더욱 악화되었다. 그래서 각오를 다지고 약속을 잡아 머리를 조아리며 부탁했다. 현장감독은 불같이 화를 내었지만, 건축기사는 화를 내면서도 "뭐, 그럼 어쩔 수 없지 않냐"며 받아들였다.

화를 내긴 했지만 말할 수 있어서 '마음을 짓누르던 돌'이 사라진 것이 무엇보다 좋았다. 하기 어려운 말일수록 빨리 말하자. 그것이 문제를 더 키우지 않고, 괴로운 날들을 보내지 않는 방법이다.

꾸중을 듣더라도 빨리 전달해야 일이 진행된다

업무를 지체시키지 않기 위해서라도 '싫은 것', '말하기 어려운 것'은 바로 바로 처리하자.

이것이 POINT!

'하기 어려운 말'일수록 가장 먼저 보고하자!

48 주변 사람들을 배려하며 일하고 있는가

항상 신세를 지는 편집자와 만났을 때의 일이다.

그는 "옆자리 선배에게서 '키보드 두드리는 소리 때문에 정신 사나워 업무에 집중이 안 된다'며 한소리 들었다"고 했다.

그 다음부터는 조용히 누르고 있는데, 지금까지 전혀 신경 쓰지 못한 부분이었다고 말했다.

자신도 모르는 사이에 주변 사람에게 피해를 주는 행동을 하는 경우도 있을 것이다.

의외로 업무를 할 때 '옆사람의 소리'는 신경이 쓰이는 법이다.

특히 집중력이 필요한 업무를 할 때에는 조그마한 소음이라 해도 방해가 된다. 나 또한 그런 경험이 있다.

같은 영업장의 선배는 업무에 집중하면 '좌우로 몸을 흔드는 버릇'이 있었다. 옆자리였기 때문에 아무래도 눈에 거슬렸다.

일을 하고 있으면서도 '또 시작한다'라는 생각에 신경이 쓰였다. 그밖에도 규칙적으로 '쯧' 하고 혀 차는 소리를 내는 사람이 있는가 하면, '하아' 하고 길게 한숨을 쉬는 버릇이 있는 사람도 있었다.

아마 여기 나오는 사람들은 '주변 사람들을 방해하고 있다'는 생각을 하지 못할 것이다.

그런 생각을 하지 못하므로 고쳐지지도 않는다.

때로는 친한 사람에게 "이상한 버릇이 없는지?" 물어보는 것도 좋을 것이다. 일을 할 때, 주변 사람을 배려하는 사람이 얼마나 될까?

두 명 이상이 함께 일하는 경우라면 반드시 주변 사람의 입장을 생각해 보기 바란다. 고객에 쏟는 정성 10퍼센트 정도면 된다.

그것만으로도 직장 내에서의 관계는 더욱 좋아질 것이다.

당신의 버릇이 남에게 피해를 줄 수도 있다

직장에서 옆사람에게 피해를 주는 행위

키보드를 시끄럽게 누른다.
혀끝을 찬다.
한숨을 쉰다.
다리 떨기
혼잣말
악취
통로에 개인 짐을 두는 것
감기에 걸렸는데도 마스크를 하지 않는 것

이것이 POINT!

자신의 버릇을 모른다면 확실하게 주변 사람들에게 물어보자.

고민을 털어놓을 수 있는 사람이 잘나간다

지인인 영업사원으로부터 '회사에서의 인간관계로 고민'이라는 말을 종종 듣는다.

이러한 사람들의 이야기를 듣다 보면, 주변 사람들에게 약점을 들키지 않도록 거리를 두고 강한 척하는 경우가 많았다.

자기 스스로 벽을 두고 있으니, 좀처럼 관계를 구축하기 어려운 것이다.

건축회사 영업사원이던 시절, 두 명의 후배가 있었다.

같은 시기에 입사하였으나, 후배 A는 자존심이 세고 약한 소리를 하지 않는 스타일이었다. 분명히 곤란한 상황이었기에 "혹시 어려운 것이 있으면 도와줄게"라고 말했다. 하지만 짐짓 태연한 얼굴로 "괜찮습니다. 문제없습니다"라며 거절했다.

아마 '혼자 해결하는 모습을 보여주고 싶다'고 생각했을지 모른다. 하지만 이러한 태도를 취하면 구성원들로부터 점차 소외된다.

그는 인간관계로 인한 스트레스로 결국 회사를 그만두었다.

한편, 후배 B는 무엇이든 말로 하는 스타일이다.

업무 이야기에서부터 사적인 이야기까지 "기쿠하라 선배, 좀 들어 보세요"라며 매일같이 고민을 상담했다.

귀찮다는 생각이 든 적도 있었지만, 금방 가까워졌다. **고민을 털어놓으면 거리는 좁혀지고, 강한 척하면 거리가 생기는 법이다.**

용기를 내서 주변 동료들에게 고민을 털어놓거나 상담을 해 보기 바란다. 그것만으로도 금방 거리가 좁혀질 것이다.

자신의 벽을 제거하는 용기

고민을 털어놓으면 심적으로
상대와의 거리가 좁혀진다.

이것이 POINT!

너무 강한 척하면 상대와의 거리는 좁히기 힘들다.

50 아무래도 싫은 동료와 어떻게 지내야 할까

회사에서 원활하게 커뮤니케이션을 하면 스트레스 없이 업무를 할 수 있는 법이다. 모두가 함께 힘을 합쳐 일을 한다면 얼마나 즐거울까?

하지만 살다 보면 협력은커녕 방해만 되는, '이 사람만큼은 용서할 수 없다'는 사람이 있을지도 모른다. 친구 사이라면 상대하지 않으면 된다. 하지만 회사 동료라면 말이 다르다.

싫어도 매일 얼굴을 봐야 하고, 같은 팀이면 협조를 해야 한다.

이러한 사람들과 어떻게 지내면 좋을까?

나에게도 '저 녀석만은 용서 못해'라는 마음이 드는 A가 있었다.

싫은 사람이 한 명이라도 있으면 정신건강상 좋지 않다.

그러던 어느 날, A에 관해 '그는 예전에 안 좋은 경험을 했어. 조금 삐딱해도 어쩔 수 없지'라고 생각하게 되었다.

이건 내가 마음대로 만든 이미지이다.

사실이 아니더라도 그렇게 생각해야만 그를 이해할 수 있었으며, 정신적으로도 다소 안정이 되었다.

내가 공격적으로 대하지 않자 상대의 태도도 변하기 시작했다.

이를 깨닫자 관계가 거짓말처럼 좋아졌다.

태어날 때부터 나쁜 사람은 없다.

지금 그렇게 된 데에는 무언가 이유가 있다. 이런 방식은 까다로운 고객이나 터무니없는 클레임에 걸렸을 때에도 유용하다.

그 이유가 정확하지 않더라도 **'일부러 사람에게 미움을 받으려는 사람은 없으니, 무언가 이유가 있을 것이다'라고 생각하는 것만으로도 상황은 달라진다.**

일단은 자신부터 바꿔 보자.

상대에 대한 편견을 바꾸어 보자

이것이 POINT!

싫은 사람을 용서하면 자신의 마음이 편해진다.

주변에 '아픈 곳을 찌르는' 사람이 있는가

당신의 '부족한 부분을 지적하는 사람'이 몇 명이나 있을까?

"열심히 하네. 분명 곧 성과가 나올 거야"라며 듣기 좋은 말을 하는 사람은 있어도 '아픈 곳을 찌르는' 사람은 적은 법이다.

나에게는 이렇게 엄격하게 의견을 말해 주는 사람들이 몇 명 있었다.

시간이 지나고 그 조언이 뼈에 사무쳤다.

결과적으로 '그 조언을 들었어야 했는데'라는 생각이 들었다.

나 또한 책이나 인터넷에서 정보를 전달하고 있기에 비난을 받는 경우도 있다.

온라인상의 기사로 비난받고, 아마존에서 혹평을 받는 등.

이전에는 볼 때마다 위축되었으나, 최근에 이러한 코멘트에 그다지 신경 쓰지 않게 되었다.

이러한 코멘트가 아니라 "기쿠하라 씨는 이런 점이 부족해요"라고 직접 말해 주는 조언에 대해서는 확실히 정신적으로 자극이 된다.

그러나 이러한 조언은 나를 세심하게 관찰하고 말해주는 것으로, 그만큼 고마운 일은 없다.

당신도 부정적인 지적을 받은 적이 있을지도 모른다.

단순한 비난이라면 신경 쓰지 않아도 되나, 당신을 마음속 깊이 생각해서 조언해 주는 사람은 소중하게 여기기 바란다.

앞으로 당신에게 매우 중요한 존재가 될 것이다.

엄격한 사람을 어려워하지 말고 '고마운 존재'로 받아들여 보자.

단, 권력을 이용한 '갑질'처럼 지나친 비난을 하는 사람이 있다면, 즉시 회사에 보고하도록 하자.

그 말은 '자신의 단점'을 알 수 있는 기회

듣기 싫은 말이라도 때로는 솔직하게 받아들이는 것이 중요하다.

※납득이 안 가는 질책이나 무시 등 갑질에 해당하는 행위는 회사에 보고하자.

이것이 POINT!

냉정한 의견을 제시하는 사람은 여러분을 성장시킨다.

52

'고객을 지키는' 영업사원이 되자

영업사원의 경우 이번 시기의 목표나 할당량이 있다.

할당량을 달성하지 못하면, 점점 자신의 이익만 생각하게 되는 법이다. 게다가 상사로부터 "결산기까지 실적을 내라"며 매일 닦달을 당한다.

압박에 못 이겨 고객에게 무리한 요구를 하는 경우도 있다.

나도 그런 경험이 있는데, 이는 고객의 입장을 고려하지 않고 내 이익이나 상사의 입장을 먼저 생각한 경우로 올바른 시도는 아니다.

"조금 시간을 두고 생각해 보겠다"는 고객에게 이번 달 말까지 계약해 달라며 압박하는 경우도 있다.

하지만 그런 무리한 부탁을 해도 계약을 해 줄 정도로 세상은 만만하지 않다. 조급해하다 모처럼의 계약 기회를 날려 버리는 것이다. 설사 계약이 체결되었다 해도 이 방식은 영업사원으로서 한계를 바로 드러내게 한다.

자신의 할당량도 상사로부터의 압박도 고객과는 아무런 상관이 없다. 만약 여러분이 물건을 구입하는 고객인데, 영업사원이 "계약해 주시지 않으면 제 입장이 곤란합니다!"라며 재촉하면 어떨까? 엄청나게 갖고 싶은 물건이 아닌 이상 구입을 보류할 것이다.

반대로 "이번 달보다 다음 달에 계약하는 것이 고객님께 더 유리하니, 서두르지 않으셔도 됩니다"라고 말한다면, 마음 깊은 곳에서 신뢰가 생길 것이다. "이번 달 중으로 그 고객을 반드시 계약시켜"라는 압박에 못 이겨 상사의 말을 따르는 것이 아니라, 고객의 입장을 진심으로 생각해서 말하도록 하자.

그런 영업사원이라면 고객으로부터 신뢰를 얻어, 오래도록 사랑받을 것이다.

자신이나 상사의 사정 ≦ 고객의 사정

고객을 최우선으로 생각하라

이것이 POINT!

차근차근 신뢰관계를 구축하는 것이 결국 가장 빠른 지름길 이다.

제6장의 체크리스트

1 실적이 좋은 영업사원은 회사 내에서도 배려한다.

- [ ] 손수건을 두 장 가지고 다니고, 여분의 볼펜을 가지고 다니는 등 배려심을 가지고 준비해 두자.

2 하기 어려운 말을 하면 속이 시원해진다.

- [ ] 싫은 일은 가능한 한 빨리 보고하자.

3 주변 사람이 내는 소리는 은근히 신경 쓰이는 법이다.

- [ ] 누군가에게 피해를 주고 있지 않은지 때때로 신경 쓰자.

4 고민을 털어놓으면 친밀감이 상승한다.

- [ ] 용기 내어 현재 갖고 있는 고민을 털어놓아 보자.

5 일단 내가 먼저 좋아하도록 노력해 보자.

- [ ] 아무리 노력해도 싫은 사람은 가상의 이미지를 부여하자.

6 입에 쓴 조언을 해 주는 사람을 소중하게 생각하자.

- [ ] 남의 조언은 진심으로 귀담아듣자.

7 고객을 지키는 영업사원이 되자.

- [ ] '자신의 할당량'이나 '상사의 명령'에 휘둘리지 말자.

영업력을 단련하는 연습 No.6

Q 비즈니스, 회사 내의 커뮤니케이션에서 올바른 것에 O, 바르지 않은 것에 X표 하라.

- ☐ "사례는 필요없다"고 하면 사례하지 않아도 된다.
- ☐ 깊이 있는 커뮤니케이션을 위한 포인트는 '시간'이 아니라 '만남 횟수'이다.
- ☐ 부탁하기 어려운 것은 얼굴을 보고 말한다.

정답은 다음 페이지에 ▶

A

✕ "사례는 필요없다"고 하면 사례하지 않아도 된다.

해설 업무를 도와주었을 때 "사례는 필요없다"고 하는 수가 있다.
이러한 경우에는 대처하기 애매할 때가 있다.
괜찮다고 하더라도 반드시 사례를 하도록 하자.
물건이 아니라도 포스트잇에 간단히 감사의 말을 적어 건네는 것도 괜찮다. 감사를 형태로 남겨 보자.

○ 깊이 있는 커뮤니케이션을 위한 포인트는 '시간'이 아니라 '만남 횟수'이다.

해설 만남의 횟수가 많을수록 친근감을 느끼는 '과학의 법칙'이란 것이 있다. 장시간 커뮤니케이션을 한 번 하는 것보다, 평균 5초 정도의 대화를 반복하는 것이 거리를 좁히는 데 효과가 있다는 것이다.

○ 부탁하기 어려운 것은 얼굴을 보고 말한다.

해설 곤란한 일을 부탁할 경우 도저히 '말하기 힘드니 메일로 보내자'고 생각하기 쉽다.
통상적인 일이라면 괜찮지만, 무리한 부탁을 글로 전달하는 것은 매우 어렵다. 자칫 표현방법을 하나라도 잘못하게 되면 상대를 화나게 하고, 관계가 회복 불가능해지는 경우가 있다. 곤란한 업무 부탁일수록 직접 얼굴을 보고 하기 바란다.

의욕을 불러일으키기 위해 반드시 해야 할 것들

❖휴식을 취하는 것도 중요하지만
게으름 피우며 땡땡이치는 습관은 바로 고쳐야 한다!

이런 영업사원이 되지 않기 위해서 GO!

53

의욕을 저하시키는 요소를 시각화하자

실적이 좋지 않던 시절 나는 '의욕이라도 생기면 좋을 텐데'라고 생각하곤 했다.

갑자기 영업 센스가 좋아지지는 못하더라도 동기부여만 되면 뭐라도 성과를 낼 수 있을 것 같았기 때문이다.

그러나 일을 할 때 대부분은 의욕 없는 날들의 연속이었다.

매일 '어떻게 하면 의욕이 생길까?' 고민했다.

책, CD, 연수 등에 투자하고, 다양한 시도를 해 보았으나 진정한 의미의 동기부여는 되지 않았다.

한편, **잘나가는 영업사원은 의욕을 높이려 하지 않는다.** 의욕이 항상 충만한 상태를 유지하는 것은 애초에 불가능하다는 것을 알고 있기 때문이다.

의욕을 높이는 것이 아니라 **'무엇이 의욕을 떨어뜨리는 원인인지'를 생각한다.**

이는 '고객에게 거절당하는 두려움'이나 '클레임'인 경우도 있다.

또 '쌓여 있는 서류'나 '월말 회의'인 경우도 있을 것이다.

일단 의욕을 떨어뜨리는 원인이 무엇인지 찾아보는 것이 중요하다. 왠지 모르게 의욕이 없다는 사람은 그 요인이 무엇인지 종이에 써 보자.

원인이 분명해지면 대처법이 보일 것이다.

해결할 수 있는 문제는 해결하면 되고, 해결하지 못하는 것이라면 더 이상 고민해도 소용없다.

부정적인 요소를 시각화하는 것만으로도 충분한 효과를 얻을 수 있다. 의욕을 높이는 요소가 아니라 떨어뜨리는 요소를 찾아보기 바란다.

'의욕을 저하시키는' 리스트를 만들자

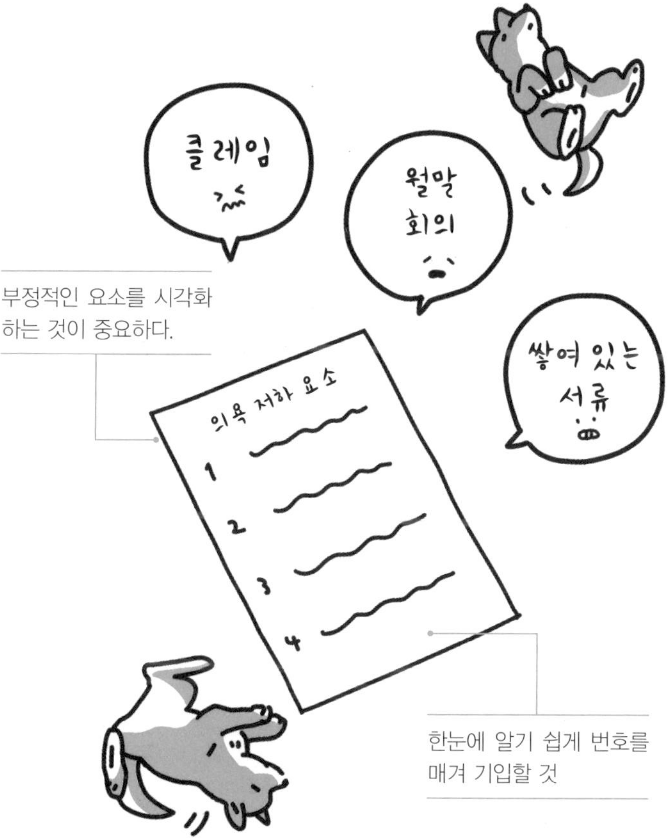

이것이 POINT!

원인을 해결하면 실마리가 보인다.

54 업무 시작의 일정한 규칙을 만들자

영업활동이 너무 좋아서 아침부터 의욕이 충만한 사람은 그렇게 많지 않다.

대부분은 의욕이 생기지 않아 괴로워한다.

연수할 때 만난 젊은 영업사원의 이야기이다.

그는 아침에 출근할 때 반드시 계약을 한 고객과 함께 찍은 사진을 본다고 했다.

그 사진을 보며 '좋은 결과'를 상상한다.

이런 방법으로 영업에 나서면 잘 풀린다고 했다.

고객과의 사진을 보는 이 행위가 그에게 '동기부여를 하기 위한 습관'이 된 것이다.

누구라도 행동하지 않고 '아, 오늘도 찌뿌둥하군'이라며 투덜대면 점점 부정적인 결과를 낳게 된다.

이런 상태로 영업을 시작한다면 잘 풀릴 리가 없다.

그렇게 되기 전에 의욕이 생기는 자신만의 습관을 생각해 두면 좋다.

사람에 따라서는 '책상을 정리하면 기분이 좋아진다'는 사람도 있고, 또 '가볍게 몸을 움직이면 불안을 떨쳐낼 수 있다'는 사람도 있다.

영업을 하다 보면 불안한 마음이 엄습하기도 한다.

이를 그대로 방치해서는 안 된다.

왠지 모르게 기분이 처진다는 생각이 들 때를 위한 일정한 규칙을 만들어 두자.

당신만의 업무 스위치가 있는가

'책상 정리', '가벼운 스트레칭' 등 간단히 할 수 있는 습관을 만드는 것을 추천

이것이 POINT!

기분이 좋아지는 나만의 습관을 생각해 보자.

잘나가는 영업사원들은 슬럼프에 빠졌을 때 어떻게 할까

업계 최고의 영업사원과 만났을 때의 일이다. 그는 흔들림 없이 안정적으로 계약을 연이어 성사시키는 듯 보였다.

나는 그 비결을 듣고자 다음과 같은 말을 했다.

"실적표를 보여주셨는데, 실적에 기복이 없는 것 같아요."

"그렇지 않습니다. 항상 조마조마합니다."

"그럼, 컨디션이 좋지 않을 때에는 어떻게 하시나요?"

"음, 그럴 땐 '뭐 이런 시기도 필요하지'라고 생각합니다."

"역시 슬럼프도 필요하다고 생각하는 것이군요."

"계속해서 좋은 상태를 유지한다는 것은 불가능한 일이고, 좋지 않은 상황이야말로 자신을 되돌아볼 수 있는 기회가 되니까요."

이 이야기를 듣고 '역시 그러니 항상 이렇게 좋은 멘트로 영업을 할 수 있는 것이겠지'라고 생각하며 감동받았다.

대부분의 영업사원들은 컨디션이 좋지 않으면 '어떻게 해서든 이 슬럼프에서 벗어나야 한다'며 안절부절못한다.

행동으로 옮기는 것은 좋지만, 때로는 냉정함을 잃어버리고, 계약을 망설이는 고객에게 "이번 달 안으로 결정하시지 않으면 다시는 이 조건으로 계약하실 수 없습니다"라며 무리하게 압박하는 경우도 있다.

딸 수 있었던 계약을 이렇게 놓치고 마는 것이다.

따라서 무리한 일을 해서 점점 슬럼프에 빠지지 않도록 주의해야 한다. 누구나 '지금은 슬럼프다'라고 느끼는 때가 있다.

그럴 때일수록 '이런 시기도 필요하다'고 생각하기 바란다.

이러한 시기에 지금까지 미처 몰랐던 소중한 것을 깨닫게 될 수도 있다.

언제나 컨디션이 좋은 영업사원은 없다

슬럼프도 필요하다고 생각하면 좋은 정신상태로 영업을 할 수 있다.

실적이 부진할 때 '억지로 계약을 따려고' 하거나, '동료를 밀어내려' 하다 보면 결국 자신에게 손해가 되어 돌아온다.

이것이 POINT!

슬럼프는 벗어나려 하지 말고 인정해 보자.

56 시간낭비라고 생각하는 일에는 '의미부여'로 대처한다

영업사원 시절에 '이건 시간낭비'라고 생각하는 업무 중 하나가 바로 상사에게 제출하는 '보고서 등의 서류'였다.

회사로서는 영업사원이 어떻게 일을 하고 있는지 파악하고 싶을 것이다.

당연한 일이다.

하지만 작성하는 데 시간과 노력이 들지만 보고서는 제대로 된 피드백을 받지 못한다.

VIP 고객을 관리하는 A급 고객에 대한 보고라면 좀 낫다.

날카로운 조언을 받을 수도 있고, 만약 잘못된 부분이 있어도 어떠한 형태로든 피드백을 받을 수 있기 때문이다.

그러나 '중장기 고객의 방문계획' 등은 어떤 리액션도 받지 못한다.

영업사원 대부분이 '이런 걸 만드는 것은 시간낭비다'라고 생각한다.

하지만 보고서처럼 '싫어도 해야 하는' 업무가 있다. 싫어도 어쩔 수 없이 해야 하는 업무이므로 의미를 부여해 자신이 납득하도록 하는 것이 해결책이다.

'이것은 이런 부분에서 나한테 도움이 될 거야'라는 식으로 의미를 부여해 보면 좋을 것이다. 그것만으로도 훨씬 의욕이 생길 것이다.

업무를 하다 보면 '왜 이런 일을 해야 하는 걸까'라는 생각이 드는 경우가 있다. 그럴 때일수록 억지로라도 의미부여를 해 보자.

만약 그래도 납득이 되지 않는 일이라면 '뭐, 이런 경험도 필요하지'란 생각을 해 보면 어떨까.

그것만으로도 기분이 훨씬 나아질 것이다.

시간낭비인지 아닌지는 마음먹기에 달려 있다

보고서 작성, 데이터 입력 반복 등 싫어도 해야 하는 업무는 '이 일은 ○○에 도움이 될 거야'라며 의미를 부여하는 습관을 들이자.

이것이 POINT!

불합리한 일에 '이 일은 ○○에 도움이 될 거야', '이런 경험도 필요하지'란 생각으로 임하자.

57

'숫자+기한'으로 목표를 명확히 하자

영업사원 전체가 모이는 회의에서 있었던 일이다.

나를 포함한 대부분의 영업사원들이 "월말까지 어떻게 해서든 실적을 내겠다"고 발표했다.

이런 애매한 말에 대해 상사는 '뭐, 불가능하겠지'라고 판단했다.

그러한 와중에 업계 최고의 영업사원인 선배가 "25일까지 최종 견적을 3건, 30일까지 2건의 계약을 따내겠다"라며 숫자와 기한을 구체적으로 발표했다.

애매하게 말하는 것보다, 숫자와 기한을 말하는 것이 몇 배나 설득력을 높인다.

그리고 선배는 매월 당연하다는 듯이 실적을 냈던 것이다.

그는 회의에서 오직 상사에게 잘 보이기 위해서 이렇게 말한 것이 아니다.

구체적으로 '숫자+기한'을 발표함으로써 자신에게 동기부여가 된다. 이는 매우 효과적인 방법이다.

예를 들어, 다이어트를 할 때 '날씬해지면 좋겠다'고 생각하는 것과 '21일 내로 5킬로그램를 빼야지'라고 결심하는 것은 큰 차이가 있다.

'살이 빠지면 좋겠다'와 같이 숫자나 기한이 없는 목표로는 의욕을 끌어올리지 못하고, 3일이 채 되지 않아 '한입 정도는 괜찮겠지'라며 슬쩍 과자를 먹는다.

하지만 '21일', '5킬로그램'이라고 숫자를 정해 놓으면 그 시점에 성취도가 크게 올라간다.

잘나가는 영업사원은 애매한 표현을 피하고, 숫자와 기한을 정확히 정한다. 이렇게 목표를 명확히 설정함으로써 동기부여를 높이는 것이다.

목표설정을 할 때 숫자와 기한을 꼭 의식해서 정하기 바란다.

목표설정을 할 때에는 '숫자+기간'을 정하자

이것이 POINT!

숫자와 기한을 명확하게 하면 성취율이 크게 오른다.

58

아침 시간은 업무를 위한 골든타임

실적이 안 좋은 영업사원이었던 나는 아침에 출근해서 상사가 없으면, 동료와 의미도 없는 잡담을 하거나 잡지를 읽으며 좀처럼 업무를 시작하지 못했다. 그 당시 나는 '아침에는 머리가 맑지 않으니까, 깰 때까지 천천히 하자'라는 생각을 가지고 있었다.

업무를 시작하는 시간은 11시를 넘기곤 했다.

11시가 지나 겨우 시작한 업무인데 곧 점심시간이 돼서 중간에 끊기고 만다. 점심을 먹으면 위에 혈액이 모여서 졸음이 쏟아진다. 이런 식으로는 당연히 업무를 잘할 수가 없다.

결국 대단한 일이 없음에도 밤늦게까지 야근을 하는 처지가 되었다.

업계 최고일 때에는 실적이 안 좋을 때와 달리 업무량이 압도적으로 늘어났다. 그 업무를 효율적으로 끝내기 위해 조금 일찍 출근해 업무를 시작했다. 아침 일찍부터 업무를 시작하면 좋은 리듬이 생겨난다. 그러자 오전 중에 중요한 일은 거의 마무리를 하게 되었다. 이렇게 하자 지금까지 '시간이 없다'고 한 것은 잘못된 생각이었음을 깨달았다.

잘나가는 영업사원 중 일을 시작하기까지 시간이 오래 걸리는 사람은 없다.

오전 중에는 몸도 머리도 상쾌하기 때문에 업무가 잘된다.

해보면 알겠지만, 머리를 쓰는 창의적인 일은 특히 그렇다. 확실히 오전은 가장 중요한 시간이다. 이미지화해 보면 11시부터 겨우 업무를 시작할 것이 아니라, **11시까지 머리를 쓰는 일은 모두 끝내는 것이다.**

시작이 좋으면 놀라울 정도로 업무를 신속하게 처리할 수 있을 것이다.

하루의 시작이 가장 중요하다

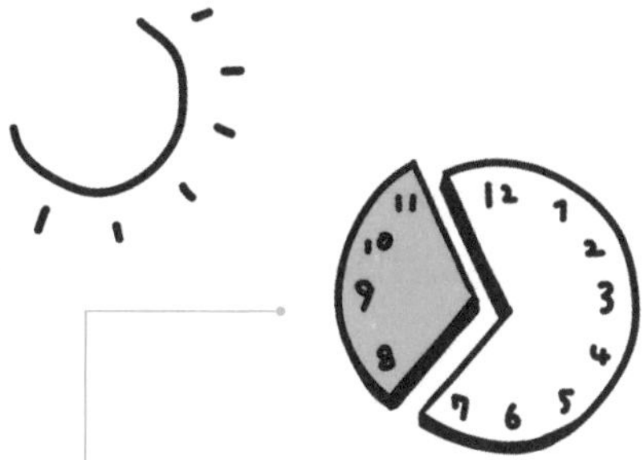

오전은 골든타임이다.

1 조금 일찍 출근한다.

▼

2 중요한 업무를 먼저 한다.

▼

3 가능한 한 오전 11시까지 끝낸다.

▼

4 오후에는 상담이나 회의를 메인으로 한다.

이것이 POINT!

오전 11시까지 중요한 업무를 모두 끝내 둔다.

좋은 성과는 건강한 신체에서

이전에 무리를 해서 조금 건강이 안 좋았던 적이 있었다.

그때에는 부정적인 생각만 들어 무슨 일을 해도 불안했다.

결국 몸과 정신은 하나라는 말을 뼈저리게 실감했다.

업계 최고 영업사원은 건강의 중요성을 잘 알고 있다.

따라서 몸관리를 게을리하지 않고, 항상 최상의 컨디션을 유지하기 위해 노력한다.

방식은 사람마다 다르지만, 매일 몸에 좋은 것을 한다.

한편, 실적이 좋지 않은 영업사원은 몸관리를 소홀히 한다.

나 또한 실적이 좋지 않았을 때는 항상 몸 컨디션이 좋지 않았다.

만성 수면부족과 숙취에 시달렸고 식사는 인스턴트 식품이나 패스트푸드로 대충 때웠으며, 항상 피곤에 찌들어 있었다.

이런 상태로는 긍정적인 생각을 할 수 없고, 의욕을 향상시킬 수도 없다.

해야 할 일을 미루고, 늦은 밤이나 되어서야 겨우 시동이 걸리는 식이었다.

그러다 보니 매일 늦게까지 일을 했고, 운동선수처럼 점점 피로가 쌓이고, 체력이 떨어졌다. 게다가 건강도 안 좋아지고, 머리도 잘 돌아가지 않았다. 평소라면 하지 않을 말도 안 되는 실수를 반복하고, 다 따낸 계약을 눈앞에서 놓치는 일도 있었다.

나는 이렇게 악순환에 빠지고 말았다.

의욕을 유지하는 가장 좋은 방법은 건강한 신체를 만드는 것이다. 나쁜 습관을 버리고, 몸에 좋은 것을 해보자.

'오늘은 왠지 컨디션이 좋네'라는 생각이 들면 당연히 의욕이 생기는 법이다.

건강관리도 중요한 업무 중 하나

1 식사

- 하루 세 끼 섭취한다.
- 에너지가 없으면 머리도 몸도 움직이지 않는다.

2 운동

- 두뇌회전에도 좋고, 체력단련에도 좋다.
- 업무 전의 적당한 운동은 하루를 시작하는 최고의 방법이다.

3 수면

- 수면시간은 6~7시간 확보한다.
- 밤샘은 다음 날 업무에 막대한 영향을 준다.

※어디까지나 예시에 불과하다. 자신의 몸에 맞는 습관을 만들어 보자!

이것이 POINT!

건강관리를 소홀히 하지 말자.

제7장의 체크리스트

1 의욕을 향상시키려 하기보다 먼저 의욕을 떨어뜨리는 요소를 찾아내자.

- [ ] 의욕을 떨어뜨리는 요소를 리스트로 만들자.

2 일정한 규칙을 만들어 우울한 기분을 날려 버리자.

- [ ] 자신에게 맞는 방법으로 의욕을 향상시켜 보자.

3 업계 최고의 영업사원도 항상 좋은 컨디션을 유지하는 것은 아니다.

- [ ] 슬럼프도 필요한 시기라 생각하자.

4 기왕 할 거라면 기분 좋게 하자.

- [ ] 모든 일에 의미를 부여해 보자.

5 '숫자와 기한'이 의욕을 고조시킨다.

- [ ] '숫자와 기한'을 명확하게 표시한 목표를 세우자.

6 아침 시간은 업무의 골든타임이다.

- [ ] 오전 11시까지 중요한 일을 해치우자.

7 건강한 신체에서 성과가 나온다.

- [ ] 건강관리를 소홀히 하지 말자.

영업력을 단련하는 연습 No.7

Q 회사에 이번 분기의 목표를 제출하게 되었다.
다음 세 가지 보기 중 가장 의욕 향상에 도움이 되는 것은 무엇일까?

A 기합을 넣고 '작년 매출의 200퍼센트 달성'이라는 높은 목표를 세운다.

B 조금 무리를 하면 되는 '작년 매출의 120퍼센트 달성'이라는 목표를 세운다.

C 안전하게 '작년 매출의 105퍼센트 달성'이라는 목표를 세운다.

정답은 다음 페이지에 ▶

A

정답은 B

해설 심리학에 요크스 다드슨의 법칙(Yerkes & Dadson's Law)이라는 것이 있다.
사람은 적당한 스트레스와 자극에 의해 적당한 각성상태에 있을 때 최상의 능력을 발휘한다는 것이다.
자극과 각성상태가 극단적으로 낮거나 반대로 너무 높으면 능력은 떨어진다.
A와 같이 200퍼센트라는 지나치게 높은 목표나 C의 105퍼센트와 같이 지나치게 낮은 목표를 설정하면 동기부여가 되지 않으며 능력을 발휘할 수 없다.
조금만 노력하면 달성할 수 있는 수치를 설정하기 바란다.
적절한 목표가 의욕을 향상시키는 데 가장 도움이 된다.

단순하지만 큰 차이를 만드는 습관

이런 영업사원이 되지 않기 위해서 GO!

60 잔기술이 아닌 습관을 따라 하라

실적이 좋지 않았던 시절의 이야기이다.

업계 최고 영업사원에게서 "평생 나와 거래해 달라!"는 의미를 담은 마무리 멘트에 대해 배웠다.

'이거 아주 쓸만하겠는걸' 하고 생각하고 바로 다음번 고객과의 상담에서 써먹어 보았다.

하지만 무참하게 실패했다.

그 후 몇 번이나 그 기술을 사용해 보았지만 결국 한 번도 성공하지 못했다. 업계 최고 영업사원과 나와 같은 일개 영업사원 사이에는 계약 마무리까지의 과정과 신뢰도에서 큰 차이가 있다. 그들이 하는 말 한마디를 흉내내 보아도 제대로 성공할 리가 없는 것이다. **잘나가는 영업사원은 실적을 내는 사람의 부분적인 한마디에는 관심을 두지 않고 '실적을 내는 사람의 습관'을 유심히 관찰**한다.

예를 들어,

- 틈이 날 때 엽서나 편지를 써서 보낸다.
- 직원들에게 간식을 사는 등 배려한다.
- 해야 할 목록을 매일 작성한다.

이러한 습관을 따라 하는 것이 훨씬 효과적이다. 여러분의 주변에도 실적이 좋은 영업사원이 있을 것이다. 그에게 '극비 영업 멘트'를 알려달라거나 '결정적인 마무리 멘트'를 알려달라고 하지는 말자. 애초에 그런 멘트는 존재하지도 않을뿐더러 가령 가르쳐준다고 해도 결코 써먹을 수 없을 테니까 말이다.

대신 그 사람이 매일 무엇을 하는지 유심히 관찰하라.

단순히 단편적인 테크닉을 흉내내는 것이 아니라 습관을 따라 하자.

단편적인 테크닉보다 습관이 중요하다

예를 들어,

- 남는 시간에 엽서나 편지를 보낸다.
- 출퇴근길에 독서를 한다.
- 명상을 한다.
- 해야 할 목록을 매일 작성한다 등…

이것이 POINT!

잘나가는 사람의 '습관'을 관찰하자.

업계 최고 영업사원이 책상을 깔끔하게 정리하고 퇴근하는 진짜 이유

실적이 좋지 않던 시절 나는 주변을 정리하는 습관이 없었다. 책상 위에는 항상 서류 더미가 쌓여 있었다.

심할 때에는 책상의 4분의 3 이상이 서류로 뒤덮여, 서류 더미를 한쪽으로 밀어놓고 좁은 공간을 확보해 일을 했다.

이렇게 해서는 효율적으로 업무를 처리하기 힘들다.

서랍 속도 자료를 마구 쑤셔넣어서, 무엇이 어디에 들어 있는지 전혀 알지 못했다.

때로는 중요한 서류가 어디에 들어 있는지 몰라, 몇 시간이고 서류 찾기에 매달렸던 일도 있었다.

반면, 업계 최고 영업사원이었던 선배는 전혀 달랐다.

항상 좋은 실적을 유지하는 영업사원들을 관찰해 보면 업무가 끝나면 반드시 정리 정돈을 하고, 책상을 티슈로 깨끗이 닦고 퇴근하는 것을 알 수 있다.

그 이유를 물으니 **"깔끔하게 정리하는 것이 일하기도 좋고, 무엇보다 아침에 출근해서 책상이 어질러져 있으면 기분이 좋지 않아서"** 라고 대답했다.

그로부터 몇 년 후, 나도 책상을 정리하는 습관을 들였더니 생각보다 업무 효율이 높아지는 것을 느낄 수 있었다.

뿐만 아니라, **책상 주변을 정리하고 퇴근하면 하루 업무를 정리하는 데 매우 도움이 된다는 것을 깨달았다.**

어떤 일이 있더라도 기분을 망치지 않고 퇴근할 수 있다.

좋은 하루의 시작을 위해서, 기분 좋은 퇴근을 위해 업무 마무리는 책상을 정리하는 것으로 습관을 들이자.

이것이 효율적인 업무를 위한 이상적인 책상!

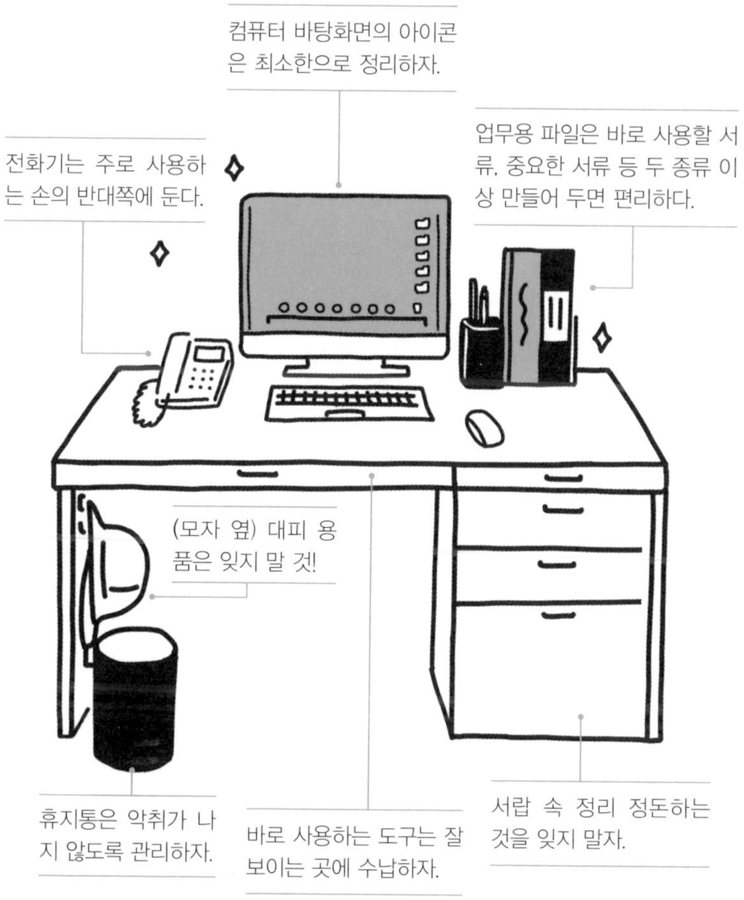

이것이 POINT!

하루를 상쾌하게 시작하기 위해서라도 책상 주변을 깔끔하게 유지하자.

62 정성 들여 쓴 글씨에서 마음의 여유가 생겨난다

일전에 신청서류를 수기로 써서 보낸 적이 있었다.

그런데 그 서류가 반송되어 왔다.

봉투를 열어 서류의 글자를 보고 '글씨 정말 지저분하네'라며 내 글씨에 실망한 적이 있다.

그 서류를 기입하던 시기는 이런저런 문제들로 인해 정신적으로 불안한 상태였다. 그것이 글씨체에도 나타나 '여유 없이 대충 갈겨 쓴' 글씨체가 된 것이다.

자신이 쓴 글씨는 그때의 심리상태를 반영한다.

마음의 여유가 있을 때에는 가지런하고 깔끔하게 글씨를 쓰지만, 여유가 없을 때에는 삐뚤빼뚤하고 지저분하게 글씨를 쓰게 된다.

최근에는 컴퓨터로 입력하는 작업이 늘어, 실제로 글씨를 쓰는 경우는 별로 없다. **도구가 진화한 만큼 자필로 쓰는 것이 더욱 의미 있어졌다는 뜻이기도 하다.**

예를 들어, '불안해서 정신적으로 안정되지 않을' 때가 있다고 하자. 그럴 때는 일부러 시간을 들여 정성스레 글씨를 써 보면 좋다. 그것만으로 심신이 안정됨을 느낄 수 있다.

일전에 업계 최고 영업사원의 수첩을 본 적이 있다.

큼직한 수첩에 직접 쓴 글씨로 깔끔하게 색깔별로 일정이 적혀 있었다. 기능적인 면뿐 아니라, 글씨를 쓴다는 것만으로 심신을 안정시키는 효과가 있다. **의식적으로 정성 들여 글씨를 써 보자.**

글씨를 쓰게 되면 마음이 안정되고 보다 좋은 상태를 향해 나아가게 될 것이다.

마음의 여유는 글씨체에 나타난다

이것이 POINT!

정성스럽게 글씨를 쓰는 것이 마음의 여유를 가져온다.

63

고객이 원하는 방법으로 접근하자

나는 입사 8년 차가 되어서야 겨우 업계 톱이 된 성장이 더딘 영업사원이었다. 사전약속 없이 고객을 방문하거나 전화로 약속을 잡던 것을 손편지로 고객에게 접근하는 방법으로 변경하면서 점차 변화가 생겼다. 말주변이 없던 나는 신규 고객과 직접 만나 영업을 하는 것이 가장 어려웠다.

직접 고객을 마주하기보다 글로 마음을 전하는 것이 나에게는 더욱 효과적이었던 것이다. 또 그 당시 마침 영업사원이 직접 방문하는 것 자체를 꺼리는 고객들이 점차 늘어났다. 편지로 고객에게 다가갔던 것이 당시의 고객 스타일과 맞아 성공을 거둔 것이다. 영업사원의 갑작스러운 방문이나 전화 등 자신이 당하면 불쾌한 일임에도 자칫 영업사원 입장이 되면 그 사실을 까맣게 잊게 되는 경우가 많다.

물론 단순히 한 번 편지를 보내는 것이 아니라 고객에게 제공할 정보를 가미해 몇 번에 걸쳐 보내면서 좀 더 신뢰를 얻을 수 있는 방법을 강구했다. **최근 고객들은 예전의 고객들과 달리 경계심이 강하고, 무리하게 판매하려는 영업사원의 방식에 매우 거부감을 느낀다.**

영업사원이 마음을 굳게 먹고 강하게 압박하면 할수록 역효과가 나는 것이다. 자신이 고객의 입장이 되어 보면 이해하기 쉬울 것이다. 고객에게 "무엇이 고민되시나요? 원하는 것이 무엇인가요?"라고 물어보면 자신이 추구해야 할 영업이 무엇인지 이해할 수 있을 것이다.

그런 점에서 편지를 보내는 것은 고객에게 부드럽게 다가갈 수 있게 한다.

가령 결과가 좋지 않더라도 **"도움이 될 만한 정보를 보내다니!"라며 화를 내는 고객은 없을 것이다.** 업계 최고의 영업사원은 적을 만들지 않고, 고객과 신뢰관계를 구축할 수 있는 방법을 생각하고 실행에 옮긴다. 고객과 영업사원 모두에게 이익이 되는 방법을 생각해 보자.

강압적인 방법으로 고객에게 다가가고 있지 않은가

일단 '성가신 영업사원' 이라는 꼬리표가 붙으면 이를 없애기란 여간 어려운 일이 아니다.

이것이 POINT!

기본적으로 고객은 강압적인 접근방식을 좋아하지 않는다는 것을 마음에 새겨두자.

편지나 엽서는 비즈니스에서 승리하기 위한 최고의 무기

고객의 연락처를 알고 있다면 편지 대신 메일이나 SNS로 '고객이 원하는 정보'를 보내는 방법도 있다. 이것은 시간과 비용을 절약할 수 있는 방법이기도 하다. 하지만 나는 굳이 아날로그 방식인 엽서, 편지를 보내기를 추천한다.

그 이유는 메일이나 SNS는 포화상태에 이르러, 보낸 메시지가 다른 메일 등에 밀려 전해지지 않을 수 있기 때문이다. 하루에 백 통 이상 오는 메일들 사이에서 고객에게 깊은 인상을 남기기란 어려운 일이다. '상품에 도움이 되는 정보입니다!'라고 보내도 효과는 거의 없다고 보면 된다. **그런 점에서 최근에는 엽서, 편지 등 아날로그적인 방식을 활용하는 사람이 거의 사라졌다.** 혹시 자택의 우편함에 매일 엽서, 편지가 오는 사람이 있는가? 광고용 전단지를 빼면 거의 없을 것이다.

이 말인즉 엽서가 도착하면 고객은 무심코 그것을 읽는다는 것이다. 디지털 도구가 범람하는 시대이기에 더욱 아날로그적인 방식이 효과를 거두는 것이다. 연수를 하면서 느끼는 것은 **'의외로 젊은 사람일수록 아날로그적인 방식에 흥미를 갖는다'**는 것이었다. 이것은 매우 흥미로운 일이다.

이제까지 지극히 개인적인 견해로 '젊은 사람들은 편지 따위에 흥미를 가지지 않을 것'이라고 생각했기 때문이다.

그러나 실제로 젊은 사람일수록 '편지라서 오히려 신선하다'는 반응이 많았다.

어릴 때부터 IT 도구를 활용하는 것을 당연하게 받아들인 세대가 그렇게 느낀다는 것은, 받아들이는 고객들도 마찬가지로 신선하게 느낀다는 것이다.

IT화가 진행되면 진행될수록 아날로그적인 방식의 희소성이 높아진다. 언뜻 비용과 시간이 드는 것 같으나, 아날로그적인 방식을 활용하면 효율적으로 고객과 신뢰관계를 구축할 수 있다.

아날로그적 방식의 희소성이 높아진다

젊은 사람일수록 아날로그적인 방식에 흥미를 갖는다.

65 잘나가는 영업사원은 경쟁사로부터도 배울 점을 찾는다

지방의 한 건축사무소의 A사장과 술자리를 가졌을 때의 이야기이다.

A사장의 회사에서 일하는 영업사원들을 대상으로 몇 차례 연수를 실시한 적이 있었다.

A사장의 회사는 직원들의 학구열이 상당히 높은 회사로, 내 연수 외에도 유명한 컨설팅 회사의 컨설팅을 받고 있었다. 오랫동안 좋은 실적을 유지하는 회사들은 직원교육에 투자를 아끼지 않는다.

물론 이 회사도 실적을 잘 내는 회사였다.

A사장은 지인인 B사장으로부터 "무작정 공부만 하기보다 ○○사를 한번 견학해 보는 것이 나을 것"이라는 조언을 들었다고 한다.

B사장이 운영하는 회사 또한 업계에서 잘나가는 회사 중 하나였다.

A사장은 학구열이 높고 솔직한 사람이다. B사장의 조언대로 경쟁사의 전시장을 둘러보러 갔다. 거기서 A사장은 많은 것을 배울 수 있었다고 한다.

영업직에 종사하는 사람들은 생각보다 다른 회사에 대해 관심이 없다.

그러나 다른 업계에서는 경쟁사를 관찰하는 것은 너무나도 당연한 일이다.

가령 음식점 등은 유행하는 음식점에 손님으로 방문해 음식을 직접 맛보고 '이 가격에 음료와 후식까지 나오는 것이 여성 고객들의 마음을 사로잡은 비결'이라는 등 영업에 참고하고 있다.

두말할 것 없이 **적을 알고 나를 알면 백전백승**이다.

가능하다면 부디 경쟁사가 어떻게 영업을 하는지 직접 가서 살펴보기 바란다. 직접 갈 수 없는 업계라면 인터넷을 통해 조사하는 방법도 있을 것이다.

또 전혀 다른 업계의 '최근에 유행하는 가게'에 가 보는 것도 좋은 방법이다. 거기서 정말 많은 힌트를 얻게 될 것이다.

경쟁사를 참고로 삼는 것이 중요하다

Check!

경쟁사가 주최하는 행사에 참가해 보자.
요즘 유행하는 가게에 직접 가 보자.

이것이 POINT!

경쟁사를 보고 좋은 점도 나쁜 점도 배운다.

66

타고난 영업 감각도 사실은 '시행착오'로 길러진다

어떤 세계에서든지 '천재'라 불리는 사람들이 있다.

연수를 맡았던 곳의 영업사원 중에도 이른바 '타고난 천재적인 영업사원'의 느낌을 풍기는 사람이 있었다. 처음 본 사람의 마음을 사는 법을 훤히 알고 있으며, 고객과 금세 친해지는 특기를 가졌다.

그는 입사하자마자 바로 실적을 올리고, 동기들 사이에서 '천부적으로 타고난 재능'이라며 부러움을 샀다.

아무리 봐도 '노력하지 않아도 타고난 성격 하나로 영업을 잘하는' 것처럼 보였다.

하지만 영업부장의 생각은 달랐다.

영업부장은 그런 그에 대해 다음과 같이 말했다.

부장: 어떤 영업사원도 노력 없이 성과를 낼 수는 없습니다. 그 역시 매일 노력을 거듭한 결과라고 생각합니다.

나: 어떤 노력을 한 것일까요?

부장: 그는 주변 동료나 본사 직원들을 항상 배려합니다. 고객 앞에서뿐 아니라 회사에 있을 때에도 항상 노력하고 있는 것이죠. 본인은 딱히 노력하는 것이라고 여기지 않을 뿐입니다.

그는 고객과 만날 때뿐 아니라 **주변 사람들을 배려하고 '무엇이 필요한지'와 같은 것을 항상 생각하고 행동하는 사람**이었던 것이다.

아무리 훌륭해도 '타고난 천재라든지 천부적인 재능을 가진 사람'이 아닌 것이다. 끊임없이 거듭된 노력을 통해 손에 넣은 것일 뿐이다.

재능을 부러워하기보다 자신이 할 수 있는 노력을 매일 꾸준히 해보면 어떨까.

천재 영업사원이란 어불성설!

겉으로는 여유가 넘쳐 보이는 업계 최고 영업 사원도…

뒤에서는 부단히 '노력을 거듭하고 있다'는 것을 기억하자.

이것이 POINT!

작은 노력을 꾸준히 반복해 보자.

제8장의 체크리스트

1 단편적인 테크닉보다 습관을 따라 하라.

- [ ] 실적을 올리는 사람의 습관을 관찰하자.

2 책상을 정리하면 생각이 정리된다.

- [ ] 퇴근하기 전 3분 동안 책상 주변을 정리하자.

3 정성 들여 글씨를 쓰면 심적인 안정을 느낄 수 있다.

- [ ] 마음에 여유가 없을 때일수록 정성 들여 글씨를 써 보자.

4 고객은 부드럽게 접근해 주길 원한다.

- [ ] 고객에게 진짜 도움이 되는 정보를 제공하자.

5 지금은 아날로그적인 방식이 효과를 거두는 시대이다.

- [ ] 하루 세 통의 편지를 써 보자.

6 경쟁사로부터 배울 수 있는 점은 매우 많다.

- [ ] 요즘 유행하는 가게에 직접 가 보자.

7 최고가 되기 위한 진짜 무기는 꾸준함이다.

- [ ] 무리하지 않는 범위 내에서 할 수 있는 것 하나를 정해 꾸준히 해보자.

영업력을 단련하는 연습 No.8

Q 당신은 중소기업의 영업사원으로 입사했다.
한 달간의 연수를 받고, 실제로 영업현장에 투입되었다.
하지만 좀처럼 실적을 내지 못한 채 6개월이 지났다.
이대로라면 몇 개월 후에는 회사에서 잘릴 위기에 처했다.
이 상황에서 벗어나기 위한 방법을 생각해 보자.

정답은 다음 페이지에

A

정답예시

- **지금까지 해오던 방식을 전면 수정한다.**
- **자신의 강점과 약점을 목록으로 만든다.**
- **영업활동의 기본에 대해 재확인한다.**

해설 6개월 동안 영업활동을 해도 실적을 올리지 못했다면 방식을 바꿀 필요가 있다.

먼저 '강점'과 '약점'을 리스트로 만들어 보자.

영업 방식은 가지각색이다.

자신이 약한 방식에서 전화하여 강점에 시간을 쏟아 보기 바란다.

그렇게 하면 더 빨리 실적을 올릴 수 있을 것이다.

또한 영업활동의 기본에 대해서도 재점검할 필요가 있다.

그렇다면 영업활동이란 무엇일까?

'그야 물건을 파는 일이잖아'라고 생각하는 사람은 점점 실적이 떨어질 것이다.

영업활동이란 고객에게 도움을 주는 행위로, 무언가를 계속해서 파는 행위는 아니다.

이 점을 다시 한번 잘 생각해 보기 바란다.

선배들의 실패에서 배워라!

❖나쁜 것일수록 금방 상대방에게 전해지는 법이다.

이런 영업사원이 되지 않기 위해서 GO!

67 관계가 좋다고 방심해서는 안 된다

건축회사 영업사원 시절 시간을 들여 신뢰관계를 쌓은 고객과 있었던 일이다.

그 고객은 인품이 훌륭하여 "우리 집은 언제든 보러 와도 좋다"고 말해 주곤 했다.

이런 고객이 있다면 정말 든든할 것이다.

나는 검토 중인 다른 고객을 모시고 몇 번 방문을 했었다.

그러던 어느 날의 일이다. 검토 중이던 잠재 고객이 현장을 둘러보고 싶다고 하여 "이번 주 토요일에 또 한 번 보여주실 수 있을지" 연락을 했다. 여느 때라면 시원스럽게 승낙했을 고객이 그때만큼은 "네, 괜찮긴 한데"라며 말끝을 흐리는 것 같았다. 조금 신경이 쓰였으나 예정대로 고객을 모시고 방문했다.

신규 고객을 안내한 후, 그 고객이 "앞으로는 견학을 삼가해 주시겠어요?"라고 하는 것이었다. 놀라 이유를 물으니 "기쿠하라 씨 외에 다른 담당자의 고객도 왔어요. 그 정도까지 좋다는 건 아니어서요"라는 것이 아닌가. 알아보니 다른 영업장의 영업사원이 "이 건물은 언제든 보셔도 괜찮습니다"라며 안내를 했던 사실이 판명되었다. 그 후 나는 그 고객의 신뢰를 잃게 되었다. 그 영업사원도 잘못이지만, 더 큰 잘못은 나에게 있었다.

회사 전체회의에서 "이 고객은 '누구든 자유롭게 와서 봐도 좋다'고 말씀하셨습니다"라며 발표를 한 것이다.

이를 듣고 다른 사원이 '언제든 보러 가도 된다'고 착각한 것이다.

이렇게 오해를 부를 만한 발언은 되도록 피해야 했다.

아무리 좋은 고객이라도 방심하면 사이가 틀어질 수 있다는 것을 잊지 않기 바란다.

한번 관계가 틀어지면 회복하기 어렵다

계약 진행이 잘되는 고객에게는 소홀해지기 십상이다.

이것이 POINT!

좋은 관계를 맺고 있는 고객이라 해도 상대의 상황과 입장을 배려하자.

68

연락 수단을 모를 때 '바람기'가 생긴다

고가의 상품을 구입하려고 할 때의 일이다.

상품을 실제로 보려고 매장에 가기로 했다.

거기서 만난 담당자는 강매를 하지도 않고, 쓸데없는 말도 하지 않았다. 그래서 나는 마음껏 볼 수 있었다.

5분 정도 둘러본 후, 거의 구입하기로 마음먹었다.

그러나 한 가지 마음에 걸리는 것이 있었다.

집에 가서 생각해 봐야 확실히 알 수 있을 것 같아서 "생각해 보고 다시 오겠습니다"라고 말하고 가게를 나왔다. 그때 점원이 명함을 건네주긴 했으나 거기에는 회사 대표번호만 쓰여 있었다.

집에 돌아와 연락을 했을 때에는 매장 폐점시간이 조금 지난 시점이었으며, 아무도 받지 않았다. 그 다음날은 휴일이었기 때문에 모레까지 연락을 취할 수 없었다.

그때 조금 아쉽다는 생각이 들었다.

나는 '구매의사가 있다'는 것을 전해 주려고 했다.

그렇다면 "만약 폐점시간이 지나면 이쪽으로 연락 주시겠습니까?"라며 핸드폰 번호나 메일이라도 가르쳐주었다면 좋았을 것이다.

아무리 친절한 점원이라도 연락을 할 수 없으면 '다른 곳에도 있으려나?' 하고 눈이 돌아가기 마련이다.

그렇게 되지 않도록 다른 연락 수단을 전달하기 바란다. 또한 "밤 10시 이후에는 이쪽 주소(혹은 SNS)로 메시지 남겨주십시오"라고 추가로 설명해 주었다면, 밤늦게 전화가 올 걱정을 하지 않아도 된다.

각자의 사정이 있다는 것은 물론 이해를 하지만, 가능한 한 영업시간 외에도 연락할 수 있는 수단을 알려주어야 한다.

업무용 연락 수단을 다방면으로 확보하자

연락이 되지 않을 때, 인터넷 쇼핑 등으로 변경하는 고객들이 많다.

이것이 POINT!

구입을 검토하고 있는 고객에게는 업무시간 외에 연락할 수 있는 수단을 알려주자.

69

앞날에 대해 지나치게 걱정하면 앞으로 나아갈 수 없다

컨설턴트 중에는 참가자와 일정한 거리를 유지하고, 강연이 끝나면 신속하게 다음 장소로 이동하는 사람들이 있다.

이와 반대로 참가자와 적극적으로 이야기를 나누는 사람이 있다. 나는 가능한 한 연수가 끝난 후에도 이야기를 나누는 시간을 충분히 가지고, 간담회나 뒤풀이에도 참가하려고 한다. 그렇게 하는 것이 상대의 고민에 더 깊이 공감하여, 딱 맞는 조언을 해줄 수 있기 때문이다. 장시간 많은 영업사원과 긴밀하게 이야기를 나누는 경우도 있는데 '이 사람은 실적을 잘 내겠군' 혹은 '조금 힘들겠는데'라는 것이 느껴진다.

반복적인 훈련은 정말 훌륭한 것인데, 능력이 없던 나도 10년을 계속하니 자연스럽게 몸에 익히게 되었다.

친목회 등에서 "오늘 배운 내용을 실행해도 실적이 오르지 않으면 어떻게 하죠?"라고 질문하는 영업사원들이 있다.

안타깝지만 이런 사람들에게서 '연수 후에 그대로 실행했더니, 실적이 올랐다'는 연락을 한 번도 받은 적이 없다.

나는 연수나 강연에서 이야기한 내용이 영업실적으로 이어지기 바라는 마음으로 이야기한다.

성과를 내는 유능한 사람은 '이 내용은 분명 나 자신은 물론 고객을 위한 것이다. 바로 실행하자'라고 마음먹고는 즉각 행동에 옮긴다.

그러나 **대부분의 사람은 '이렇게 해서 안 되면 어떻게 하지', '클레임을 걸면 안 되는데'라면서 부정적으로 생각해, 행동하지 않는 것**이다. 물론 모든 것에는 부정적인 요소가 있기 마련이다. 그러나 **시도해보기 전부터 부정적인 것을 생각하면 성공률이 현저하게 낮아진다.** 어렵다고 생각하지 말고 먼저 행동으로 옮겨 보자.

먼저 행동으로 옮기는 것이 중요하다

부정적인 요소에 집중하지 말고 행동하고 나서 생각하자.

70 메모를 게을리하면 고객의 신뢰를 잃게 된다

나는 일을 할 때는 물론 개인적인 사소한 약속도 꼭 지키는 것에 자부심을 가지고 있다. 하지만 예전에는 조심하려고 해도 '맞다! 잊어버렸네'라며 실수를 범한 경우가 몇 번 있었다.

이렇게 실수를 할 때에는 특징이 있는데, 그것은 '사소한 약속'인 경우이다.

누구나 '중요한 일'은 잘 잊지 않을 것이다. 중요한 것은 기억에 잘 남고, 수첩에 적어두거나 핸드폰에 일정을 등록해 문자로 기록해 둔다.

하지만 무서운 것은 그다지 중요하지 않은 내용의 경우이다.

"한가하실 때 처리해 주세요"라는 말이 가장 위험한데, 어느 날 갑자기 "그때 그 건은 어떻게 되셨나요?"라고 재촉을 받는 처지가 되기 때문이다. 고객이 "다음 상담할 때 옵션에 관련된 자료를 좀 가져와 주시겠어요?"라고 요청을 했다. 그 당시에는 전혀 잊어버릴 거라고 생각하지 않았다.

하지만 2~3일 시간이 지나면서 그 일은 까맣게 잊혀졌다.

상담 당일 고객이 "어? 옵션 관련 자료는 어떻게 되었나요?"라고 물을 때에서야 생각이 난 것이다.

이러한 실수를 본 고객은 '다른 영업사원에게도 연락을 해봐야겠다'고 생각하게 된다. 이런 사소한 실수로 일을 그르치는 경우도 있는 것이다. 대부분의 실수는 '뭐, 이 정도면 잊어버리지 않겠지'라고 자만하는 마음에서 생긴다.

실력을 전부 발휘했으나 실패를 한 것이면 어쩔 수 없지만, 잠깐의 실수로 기회를 날려 버리는 것은 정말 안타까운 일이다.

메모를 하는 습관을 들여 작은 약속도 잊지 않도록 노력하자!

대부분의 실수는 방심에서 나온다

"편하실 때 연락 주세요",
"급한 것은 아니니까요"
라는 말에 주의하자.

이것이 POINT!

사소한 약속이라도 메모를 하여 잊지 않도록 하자.

71 이야기는 언제 누가 들을지 모른다

강사를 하다 보면 흔히 겪게 되는 일이 있다. '옆에 있는 영업사원이 강사인 줄 모르고 험담을 했다'는 경우이다. 나도 몇 번 경험한 적이 있다.

연수를 하기 전에 화장실에서 일을 보고 있는데 영업사원 두 명이 들어와 "하필 연말에 연수라니. 듣기 귀찮다"는 이야기를 수고받는 것을 들었다.

참 곤란한 상황이었다. 어떤 타이밍에 화장실 칸에서 나가면 좋을지 망설여졌다. 이 영업사원들은 설마 내가 여기에 있을 것이라곤 생각하지 못했을 것이다. 이야기라는 것은 언제 어디에서 누가 들을지 알 수 없는 것이다.

특히 조심해야 하는 것이 회사 밖에서 동료와 회사 험담을 하는 것이다.

도쿄 역에서 점심을 먹고 있을 때의 일이다.

옆에 네 명의 회사원들이 앉았는데, 식사가 나오기를 기다리며 "우리 회사 평가 시스템은 이상해. 이런 식이면 누가 일을 하고 싶겠어"라며 회사 험담을 하고 있었다. 아무 생각 없이 그 회사원들을 보니 목에 '회사명이 쓰여 있는 사원증'을 걸고 있는 것이 아니겠는가. 그것도 대기업의 직원들이었다.

아마 '누군가 우리 이야기를 듣고 있다'는 생각은 전혀 하지 못했을 것이다. 지금 얼마나 자신들이 회사의 평판을 깎아내리고 있는지도 알지 못했을 것이다.

이는 회사 안에서도 마찬가지다.

동료끼리 '여기서는 괜찮겠지'라고 상사의 험담을 해서는 안 된다. 해보면 알겠지만, **이러한 험담은 돌고 돌아 본인의 귀에 최악의 형태로 들어가게 된다.** 말이라는 것은 언제 어디서 누가 듣고 있을지 모르는 것이다. 따라서 발언에는 항상 주의해야 한다.

험담은 금방 퍼진다

이것이 POINT!

험담은 돌고 돌아 본인의 귀에 들어간다는 점을 명심하자.

72 가족이나 가까운 사람을 소홀히 대하지 말자

나는 주로 건축사무소 영업사원들의 모임에서 세미나를 하곤 했다.

뒤풀이에 참가했을 때 옆에 앉은 영업사원의 이야기이다.

주택 관련 영업사원들이 대부분인 가운데 그 사람만 '유아용 교재를 판매하고 있다'고 했다.

술이 좀 들어가자 그는 이러한 이야기를 해 주었다.

영업사원: "지금은 실적이 저조하지만 저도 5년 정도 전에는 쭉 톱클래스였어요."

나: "톱클래스라니, 정말 대단한데요."

영업사원: "네, 당시에는 톱이 되는 것이 당연하다고 생각했으니까요."

이야기를 듣자 그는 입사해서 몇 년 동안 줄곧 표창을 받았다고 했다.

하지만 5년 정도 전부터 실적은 하강곡선을 그렸고 지금은 최저 할당량을 처리하는 것도 힘에 부친다고 했다.

나는 '줄곧 톱이었던 사람이 추락한 이유'를 알고 싶었다.

나: "어째서 실적이 떨어졌나요? 뭔가 이유가 있었나요?"

영업사원: "네, 여러 가지 이유가 있었는데. 건강도 안 좋았고, 가족과의 관계도 좋지 않았습니다."

그 영업사원은 이어서 **"가족과 건강을 소중하게 생각했다면 더 오랫동안 톱으로 남았을 텐데요"**라고 말했다.

이는 매우 의미 있는 말이다. **좋은 실적을 기록하기 위해 자신의 건강이나 가족, 가까운 사람들을 소중하게 생각한다.**

이것이야말로 오랫동안 활약할 수 있는 비결인 것이다.

가족과 가까운 사람들과의 관계는 업무에 영향을 준다

이것이 POINT!

오래 활약하기 위해서는 자신의 건강과 주변 사람과의 관계도 소중히 해야 한다.

73

실적을 냈을 때야말로 '겸손'해야 한다

간혹 후배를 막 대하고, 점원들에게 무례하게 구는 등 약한 사람들에게 강압적으로 구는 사람들이 있다. 당신도 음식점에서 점원에게 "어이, 방금 주문한 음료가 안 나오는데, 좀 빨리 주라고" 등 험악한 말투를 사용하는 사람을 본 적이 있을 것이다.

그런 사람이 한 명이라도 있으면 그 자리의 분위기를 해치게 된다.

또 후배나 동료의 사소한 실수에 "정말 못쓰겠네"라며 비난하는 사람도 있다. 직접 말하지 않아도 뒤에서 험담을 하는 경우도 있다.

험담을 듣는 것은 자신에게 하는 말이 아니라도 기분이 좋지 않다. 이런 사람은 잘될 수가 없으며, 만약 잘된다고 하더라고 오래 가지 못한다.

실적이 좋지 않을 때는 겸손할 수밖에 없다.

하지만 실적을 내게 되면 "이거 오늘 중으로 해놔"라며 거만하게 명령하게 된다.

여기까지 오게 된 시간들은 까맣게 잊고 '내가 회사에 돈을 벌어다 주니까'라는 착각을 하게 된다.

직원에게 거만한 태도를 보이면서 고객에게만 사람 좋은 척하면 들키기 마련이다. 겉으로는 속일 수 있을지 몰라도, 고객은 본능적으로 '이 사람은 신용할 수 없겠다'고 느낀다.

이러한 태도를 취하면 곧 적으로 둘러싸인다.

적으로 둘러싸인 상태에서는 실적을 잘 내기가 불가능하다.

실적을 냈을 때야말로 겸손해야 한다.

상대에 대해 감사하는 마음을 잊지 않도록 하자.

당연한 이야기이지만 이것은 매우 중요하다.

겸손하지 않으면 내 편이 없어진다

'겸허한 마음'과 '감사하는 마음'을 항상 가슴에 새기자.

제9장의 체크리스트

1 좋은 고객과의 관계는 특히 소중하다.

- [ ] 감사의 마음을 자주 전하자.

2 연락을 하지 않아 고객을 불안하게 하면 안 된다.

- [ ] 근무시간 외, 휴일에 연락을 할 수 있는 방법을 알려주자.

3 걱정만 하지 말고 일단 행동으로 옮기는 것이 좋다.

- [ ] 일단 한 발 앞으로 내딛자.

4 작은 약속일수록 주의하자.

- [ ] 사소한 약속이라도 꼭 메모하자.

5 아무리 조심해도 험담은 남의 귀에 들어간다.

- [ ] 험담을 하지 말고 칭찬하자.

6 가까운 사람이나 가족을 소중하게 생각하자.

- [ ] 가까운 사람, 가족과 시간을 함께 보내자.

7 거만한 태도는 말하지 않아도 티가 난다.

- [ ] 모든 일에 반드시 매너 있는 말을 사용하자.

영업력을 단련하는 연습 No.9

Q 당신은 고객과 상담을 하고 있다.

고객은 당신의 회사 말고 3개 정도의 회사를 놓고 고민하고 있는데, 현재 당신 회사의 상품을 마음에 들어 하고 있어 다른 곳보다는 유리한 상황이다.

고객이 다른 회사 제품을 선택하지 않도록 하는 방법, 혹은 경쟁에서 이기기 위한 대책 세 가지를 생각해 보자.

정답은 다음 페이지에

A

정답예시

① 고객이 다음에 무엇을 하면 좋을지 알기 쉽게 제시한다.

② 다음 상담 때까지 편지를 보낸다.

③ 영업시간 외의 연락처를 알려준다.

해설 현재 유리하게 이야기가 진행되고 있다고 해도 방심해서는 안 된다.
검토단계를 거치면 거칠수록 '이걸로 결정해도 될까' 혹은 '다른 것도 좋은 게 있지 않을까'라는 마음이 들게 된다.
그렇게 되지 않도록 고객이 다음에 무엇을 해야 하는지 알기 쉽게 '첫 번째 만남 → 두 번째 만남 → 견적 → 계약'으로 시각화하면 좋다.
또 고객이 불안해하지 않도록, 고객을 만나지 않는 날에는 편지를 보내거나 근무시간 외에 연락을 취할 수 있는 번호를 알려주는 등의 노력을 하는 것이 중요하다.
계약이 성사되기까지는 물론, 계약 후에도 방심하지 말고 세심하게 고객을 관리하기 바란다.

'기본'을 익혔다면
이제부터는 영업을 즐기자

지금까지 나는 영업에 관련된 많은 책을 집필해 왔다.

그중에서도 이 책만큼 영업에 대해 알기 쉽게 쓰인 책은 없다고 생각한다.

이 책의 아이디어는 내가 가르치는 대학교의 제자에게 "왜 책을 읽지 않는가?"라는 질문을 한 것이 계기가 되었다.

대부분의 학생들은 "독서가 좋다는 것은 알고 있지만, 좀처럼 읽고 싶은 책이 없으며, 따분한 책을 골랐다가 시간낭비하는 것이 싫다"라고 했다.

인터넷의 짧은 문장은 읽을 수 있어도 책 한 권은 읽기 싫다는 것이다.

'영업 수업'을 선택하고 한 학기 동안 수업을 들은 학생들조차 "영업에 관련된 책은 난해한 것이 많고, 무슨 내용인지 이해가 잘 안 가는 경우가 있다"고 하는 것이 아니겠는가? 읽어야 할 필요가 있다는 것은 알지만 안타깝게 읽을 만한 책이 없다….

우리 학교 학생들뿐 아니라 막 사회에 나온 청년들도 같은 고민을 안고 있을 것이다.

수요는 있으나 읽을 만한 책이 없다면 그런 책을 만들 수밖에 없다.

그래서 나는 '누구나 쉽게 영업에 대해 이해할 수 있는 책이 필요하다'는 강한 사명감을 갖고 이 책을 집필했다.

이 책에 쓰여 있는 내용을 언뜻 보고 '뭐야, 당연한 이야기잖아'라고 생각할지 모른다.

기본적인 내용 중에서도 특히 영업활동에 빠져서는 안 되는 필수적인 요소만 엄선해 담았다.

하지만 몇 번 앞에서도 말했다시피 영업에서는 기본이 매우 중요하다.

이 책을 가볍게 읽었다는 생각이 들지만 반드시 독자들에게 도움이 될 것이라 확신한다.

영업사원 중에는 기본적인 노하우를 소홀히 하는 사람도 있다.

하지만 그러한 사람들 중 오랫동안 활약했다는 이야기를 들어 본 적이 없다.

기본을 확실히 하지 않은 상태에서 아무리 테크닉을 배워도 소용이 없으며, 대화 필살기를 배워도 고객으로부터 신뢰를 얻을 수 없다.

겉만 번지르르한 이야기는 오히려 역효과를 내기 때문이다.

독자들 중에는 이미 영업직에 종사한 지 몇 년이 지난 사람도 있을 것이고 앞으로 영업의 세계에 뛰어들려고 하는 사람도 있을 것이다.

경험이 있는지 없는지와 상관없이, 또 어떤 분야의 영업인지를 막론하고 이 책은 도움이 될 것이다.

이 책을 통해 배운 내용은 앞으로 당신이 활약하는 계기가 되어 줄 것이다.

만약 영업활동을 하는 데 있어 난관에 부딪혔을 때나 '이유 없이, 왠지 힘이 나지 않을 때'에는 부디 이 책의 존재를 떠올려주기 바란다.

마음에 드는 페이지를 반복해서 읽는 순간 '아, 이렇게 중요한 사실을 잊고 있었다니'라고 깨닫게 될 것이다.

영업은 깊이 있는 분야이며, 짧은 시간에 마스터할 수 있는 것이 아니다.

하지만 기본기를 익히고, 올바른 방법으로 길을 닦아 나간다면, 영업은 충분히 보람 있고 즐거운 일이 될 것이다.

영업력을 마스터할 때까지, 아니 영업력을 전부 마스터했다 하더라도 몇 번이고 이 책을 다시 읽어 보기 바란다.

당신이 영업의 세계에서 성과를 내고 "이런 성과를 냈다!"라는 소식이 들려오기를 손꼽아 기다리고 있겠다.

이 책을 마지막까지 읽어 주신 독자들에게.

마지막까지 이 책과 함께해 줘서 진심으로 감사를 전한다.

또한 이 책을 집필할 수 있는 기회를 주신 오노 요헤이 편집장님, 센스 있고 귀여운 삽화를 제공해 주신 일러스트레이터 고쓰지 유이 작가님께도 감사의 말씀을 전한다.

마지막으로, 가족들에게 감사의 말을 전하며 인사를 마무리하고자 한다.

항상 진심으로 감사드린다.

기쿠하라 도모아키

업계 최고 영업사원이 쓴
'기본을 바탕으로 한 최고의 영업기술' 총망라

영업 1년 차의 교과서

초판 1쇄 인쇄 2019년 4월 5일
초판 1쇄 발행 2019년 4월 10일

발행인 박해성
발행처 (주)정진라이프
지은이 기쿠하라 도모아키
옮긴이 한주희
출판등록 2016년 5월 11일
주소 02752 서울특별시 성북구 화랑로 119-8, 3층(하월곡동)
전화 02-917-9900
팩스 02-917-9907
홈페이지 www.jeongjinpub.co.kr

삽화 고쓰지 유이
편집 김양섭·조윤수
기획마케팅 이훈·박상훈·이민희

ISBN 979-11-90027-00-7 *13320

• 이 도서의 국립중앙도서관 출판예정도서목록(CIP)은 서지정보유통지원시스템 홈페이지(http://seoji.nl.go.kr)와 국가자료공동목록시스템(http://www.nl.go.kr/kolisnet)에서 이용하실 수 있습니다. (CIP제어번호: CIP2019009531)
• 파본은 교환해 드립니다. 책값은 뒤표지에 있습니다.